CONFESIÓN
JUDICIAL

EL DÍA EN QUE EL FEI SE SALVÓ EN EL TRIBUNAL FEDERAL

JOSÉ ENRICO VALENZUELA ALVARADO

CRÉDITOS

Autor: José Enrico Valenzuela Alvarado
www.valenzuelalaw.net
https://www.facebook.com/joseenricova
jeva@valenzuelalaw.net

Edición, corrección de prueba y producción:
Yasmín Rodríguez

The Writing Ghost
Beyond Content
www.thewritingghost.com

Arte de portada: Gil Acosta
www.gilacosta.com
Fotografía del autor: Alex Rafael Román
alexrafaelroman@yahoo.com

Este libro y todo su contenido es resultado del conocimiento y pensamientos del autor. Este libro no representa ni reclama ser otra cosa que la opinión sincera del autor sobre los temas tratados. Aunque el autor y su equipo de producción han hecho todo lo posible para garantizar que la información en este libro está correcta al momento de publicar, no asumen ninguna responsabilidad por cualquier pérdida o daño por causa de errores u omisiones. Aunque la mayoría de los nombres citados son fieles a la historia, algunos han sido cambiados para proteger sus identidades.

Confesión Judicial © 2020 José Enrico Valenzuela Alvarado

Todos los derechos reservados.
Ninguna parte de este libro puede ser reproducida o transmitida de ninguna forma y por ningún medio, sea electrónico o mecánico, incluyendo fotocopias, grabaciones y cualquier sistema de almacenaje o de reproducción, sin licencia escrita del autor.

Número de Catalogación de la Biblioteca del Congreso 2019902423

ISBN 978-1-7337271-0-5

Primera Edición, 2021

TESTIMONIOS

«En momentos en que la Oficina del Panel del Fiscal Especial Independiente está en entredicho y con poca confianza en el pueblo, el libro *Confesión judicial* del Lic. José Enrico Valenzuela Alvarado provee un buen marco de referencia para imprimir una nueva visión y misión de esa dependencia en su lucha por combatir efectivamente la corrupción, sobre todo teniendo total independencia. Han pasado dos décadas y varios de los personajes en este libro siguen activos en la política partidista y sus acciones deben seguir siendo fiscalizadas por todos los ciudadanos. Hay mucho por hacer, mucho que educar, pero ante todo, hace falta un genuino compromiso de los funcionarios electos y nombrados de servir y no de servirse del pueblo.»

Manuel Ernesto Rivera
Periodista independiente

«El libro *Confesión judicial* capturó mi atención de principio a fin. Es una lectura sencilla pero sumamente interesante para el lector. El autor logra cautivar la atención al exponer claramente y de manera concisa uno de los casos de alto perfil en la historia política y legal de nuestra isla.»

Luis Enrique Falú
Periodista

«El Lcdo. Valenzuela Alvarado mantiene al lector interesado navegando entre la retrospección personal y profesional, lo cual le da un sentido de pertenencia único a la lectura. Es un libro muy interesante sobre uno de los temas que más debate genera en la legislatura: la eficacia de FEI y la forma continua del «amiguismo» político en Puerto Rico dentro de un sonado caso lleno de matices azules y rojos.»

Dr. Jorge Suárez Cáceres
Doctor en Justicia Criminal

«*Confesión judicial* es una muestra clara de los sacrificios que conlleva la profesión legal. La ilusión por la justicia del recién revalidado recibe una terapia de «shock» al adentrarse en la práctica, especialmente en el ámbito público. Sin embargo, evidentemente es parte clave de la motivación del Lcdo. Valenzuela Alvarado por lograr la victoria para sus clientes.»

Fabiana Piñeda Naredo
Estudiante de Derecho - Tercer Año

«El colega José Enrico Valenzuela, de forma diáfana y honesta, hace un recuento de su trayectoria por el Departamento de Justicia y del impacto que causó atender un caso plagado por el tribalismo político en nuestro país. La claridad y candidez del relato permiten que, al finalizar, el autor se despoje y libere de fantasmas que pesaban en su alma. Al mismo tiempo, el lector puede entender las peripecias, complicaciones y consecuencias del litigio de un proceso judicial, y cuánto puede un profesional poner en riesgo por ser recto y valiente. El autor realiza mucho mas que una confesión judicial: confiesa su espíritu.»

LCDA. SHARON M. HERNÁNDEZ LÓPEZ

«Poner al país por encima de la persona es quizás la lección más importante en las vivencias de José Enrico esbozadas en este libro. Aquí, relata su experiencia defendiendo a los representantes del pueblo para que pudieran retener su inmunidad mientras investigan y piden cuentas a aquellas personas a quienes les confiamos la administración de nuestro Puerto Rico. Conocer la historia de las personas que alguna vez caminaron por la agonizante vía de fuego que es la «politiquería» en Puerto Rico es importante. Somos muchos los que nos tenemos que reinventar gracias a que la influencia política ocupa demasiados espacios de trabajo en el entorno público y privado.»

JUAN C SELLAS HERNÁNDEZ, J.D.

«El Lcdo. Valenzuela Alvarado logra narrar con lujo de detalles lo que faltaba por saber sobre el caso federal de Jorge Aponte Hernández v. el FEI. El libro describe magistralmente aspectos externos al caso que afectaron el proceso de preparación de los alegatos y las opiniones de sus protagonistas. Es una lectura obligada para todos los profesionales del derecho en P.R.»

LCDO. RAMÓN A. TORRES CRUZ

«*Confesión judicial* te da la oportunidad de aprender cómo opera el Departamento de Justicia, el Panel del FEI y los tribunales de Puerto Rico. También, demuestra la realidad que viven los abogados día a día cuando luchan por hacer justicia y que la verdad prevalezca mientras lo que se presenta y se dice en corte no es lo que verdaderamente ocurrió. Durante la lectura, el autor te mantiene cautivo al ver el drama de su vida personal mientras lleva el caso más importante de su carrera. Ver cómo se desenvuelve en ambas cosas y mantiene sus valores personales y profesionales ante toda adversidad nos enseña que, aunque todo esté en contra de uno, al final la verdad y la perseverancia siempre triunfan. Te adentra a lo complicado de las profesiones dentro de la justicia criminal, donde abunda el oportunismo, la lealtad es de pocos y dependes de tu inteligencia, instinto, confianza y valores éticos.»

Fernando Fernández
Investigador Privado Internacional

«Con un estilo cándido y ameno, el Lcdo. Valenzuela Alvarado nos hace participantes del 'otro lado de la moneda' en un caso judicial de gran notoriedad. *Confesión judicial* nos muestra el lado humano y las vicisitudes que pasan los abogados que prefieren defender causas justas, en este caso un ataque injustificado al aparato investigador del gobierno, y cómo la maquinaria político-partidista empaña el crisol de la justicia. Es un libro tanto para los desilusionados con la práctica de la abogacía como para los nuevos abogados que están deseosos de hacer justicia.»

Lcdo. Fernando J. Nieves Camacho

DEDICATORIA

A mis padres, Patricia y José, gracias por ponerse de acuerdo con el más allá y traerme a este mundo, a Puerto Rico.

TABLA DE CONTENIDO

CRÉDITOS v
TESTIMONIOS vii
DEDICATORIA xi
TABLA DE CONTENIDO xiii
AGRADECIMIENTOS 1
LA JUSTICIA ES PRIMERO 3
CAPÍTULO I 9
    El acusado acusa a sus acusadores 11
    Pueblo v. Jorge Aponte Hernández 19
CAPÍTULO II 29
    La introspección de «Rico» 31
    María Irma 36
    Mi familia 39
    Me casé 44
Capítulo III 51
    En vez de Pueblo v. Aponte, ahora es Aponte v. FEI 53
    La inmunidad de los fiscales 58
    La demanda 60
    Cómo llegamos a juicio 64
    Mi vida durante ese caso 67
    El juicio 72

- Capítulo IV 79
  - Después del juicio – mi nueva realidad 81
  - La transición de Rico 84
  - ¿Qué pasó con el FEI? 88
  - ¿Quién es Rico hoy? 90
- Perfil del autor 93

AGRADECIMIENTOS

A quienes creen en mí, y a los que ya no están en este plano terrenal pero me cuidan y protegen. Ustedes saben quiénes son.

Confesión Judicial

LA JUSTICIA ES PRIMERO

Confesión Judicial

Era noviembre en Puerto Rico en el año 2006. Ya se respiraban los aires navideños. Las temperaturas estaban más frescas, y se sentía ese olor peculiar a Navidad que nadie puede explicar pero todo el mundo conoce. Ya había pasado el día del pavo, y los extremistas estaban buscando los arbolitos para decorar sus casas y estar listos para las parrandas. La gente de la oficina estaba practicando para las fiestas que se avecinaban, y los viernes especialmente la actitud era de planificar el disfrute del fin de semana.

Ese viernes ya yo había terminado mis labores, eran las 6:30 de la tarde y estaba listo para recoger a quien era mi esposa en ese entonces y salir a varias reuniones sociales. Una de esas «reuniones» era una fiesta donde el amigo que nos invitó decidió tirar la casa por la ventana, y teníamos la promesa del mejor vino, cervezas y «picadera». De más está decir que estaba loco por salir de la oficina.

Soy una persona muy responsable y cuidadosa con mi trabajo, pero me encanta salir y divertirme. Los que me conocen saben que no soy tímido, aunque tampoco soy el alma de la fiesta. Disfruto las reuniones familiares más que nada, y trato de viajar y explorar tanto en mi isla como el exterior. Pero, también disfruto esas salidas sociales que tanto nos caracterizan a los puertorriqueños, donde siempre se encuentra la mejor comida y música y es fácil pasarlo bien. En el momento en que comienza esta historia, era importante compartir esos ratos de ocio y fiesta con mi esposa. El tiempo que podíamos pasar juntos era poco y sumamente valioso, y la oportunidad de compartir con otros en pareja era necesaria y bienvenida.

Por aquello de evitar sentirme culpable y la costumbre de poner el trabajo primero, decidí verificar mi correo interno antes de salir. Ahí encontré que me asignaron un caso nuevo con una instrucción para que lo viera personalmente, y que lo hiciera con premura. El caso era el de Jorge Aponte Hernández, ex director de la Oficina de Gerencia y Presupuesto, quien decidió demandar a los ex miembros del FEI que llevaron un caso en su contra en referencia a una malversación de fondos públicos durante la adquisición de una propiedad inmueble. En su demanda, Jorge Aponte Hernández alegaba, entre otras cosas, persecución política.

Ya sabía algo del caso, porque esa acusación de malversación duró varios años y la decisión de la juez de desestimar los cargos fue muy discutida, tanto en los medios como en nuestra comunidad jurídica. Por supuesto, lo que se suponía iba a ser un pequeño vistazo al expediente resultó ser una lectura que duró hasta la media noche y me dañó todos los planes de fiesta.

Este era un caso serio. Las acusaciones originales de malversación de fondos estaban cimentadas con evidencias. Los compañeros fiscales hicieron su trabajo, y por alguna razón la Honorable Jueza desestimó el caso, como dicen en latín «de motu proprio» o, en idioma coloquial, «por sus pantalones», y el caso murió. El acusado se sentía con el derecho de protestar el haber sido acusado injustamente, pero sin razones evidentes que probaran la injusticia.

Entonces comenzó mi letanía de pensamientos de guerra. Los fiscales hicieron su trabajo, investigaron, reunieron evidencias y llevaron el caso a corte. ¿Cómo es que ahora los acusaban en su carácter personal en una demanda ante el Tribunal Federal para el Distrito de Puerto Rico, por hacer lo que tenían que hacer? ¿En dónde queda la inmunidad que protege a los fiscales en su representación del estado?

Aquí hay un acusado que basa su demanda en la decisión de una jueza. O sea, no era una demanda frívola, sino que tenía el apoyo de unos razonamientos jurídicos. Yo no podía entender por qué el caso existía para empezar, pero sí comprendí que las respuestas no iban a ser fáciles y que el futuro de esos colegas, así como el honor del trabajo de todos los fiscales, estaba en mis manos.

Ese momento en que decidí abrir el expediente y echarle un vistazo marcó mi vida de muchas maneras. Fue el comienzo de varias cosas, y el principio del final de otras. Ahora miro hacia atrás y puedo ver que esa decisión todavía fue la correcta.

> Decidí ir en contra de la corriente, arriesgar mi futuro en el servicio público, coleccionar enemigos y cambiar por completo mi vida familiar. Por otro lado, también decidí que la justicia es primero, que las influencias no pueden más que la inteligencia y la astucia, y que cuando tienes la razón de tu lado, el resultado no puede ser otro que ganar.

CAPÍTULO I

2006:

El acusado acusa a sus acusadores

En el 2006 fui nombrado Director de Asuntos Legales en la Oficina de Litigios del Departamento de Justicia, donde trabajaba desde el 2003. Caí ahí directo después de pasar la reválida, así que cuando llegué en el 2003, venía con todas las esperanzas de hacer justicia y con el romanticismo de pertenecer a la mejor profesión. O sea, venía con toda la ingenuidad de un recién revalidado.

Ya en el 2006 tenía claro que la vida no es color de rosa en los tribunales, y desarrollé la experiencia necesaria para entender que el cinismo es una cualidad inherente de todos los abogados. También ya para ese tiempo tenía una reputación de ser minucioso, responsable y dedicado. Eso, a pesar de ser impulsivo y no darle mucho casco a las cosas si ya había decidido que valían la pena.

Durante mi carrera pude establecerme como un abogado serio, que solo presenta argumentos sólidos con el apoyo de evidencias claras y justas. En mi profesión se me reconoce como un jugador arriesgado. Tengo la reputación de ser un estudioso de mis casos y de poder presentar una defensa o imputación completa, sin agujeros por los cuales se me pueda escapar el caso. En realidad, siempre soy más impetuoso que cuidadoso. El secreto es consolidar toda la información para conseguir el resultado que ya tengo planificado, y hacer una investigación jurídica minuciosa y bien completa, pero siempre me dejo llevar más por el instinto.

Mi relación de trabajo con mis compañeros de oficina era muy cordial. Nos llevábamos bien y había un ambiente de respeto mutuo. Aunque no desarrollé amistades cercanas, sí consideraba a mis compañeros como buenos conocidos, con quienes me sentía a gusto trabajando. Todavía al sol de hoy, si me encuentro con alguno de ellos, lo usual es que me saluden con un «¡Enrico!» o si nos llevábamos mejor que eso, con un «¡Rico!» (mi apodo de siempre).

Nunca le he negado un apretón de manos o un abrazo a mis colegas o compañeros de trabajo, y eso incluye a los que me dejaron de buscar cuando pasó el revolú del cual les hablo en este libro. En mi opinión, el problema es de ellos y no me incumbe. Si alguien tiene preguntas sobre mi comportamiento y me las hace de frente, no tengo problema alguno en contestar, siempre y cuando el contenido de la pregunta sea razonable. Sin embargo, no le doy explicaciones a nadie por mi comportamiento y decisiones, y tampoco me inmuto por rumores o chismes. Por todo esto, si alguien me saluda yo saludo también, y creo que todos pasamos el resto del día mucho mejor.

El ambiente de trabajo era el que todo el mundo piensa como «normal», un nueve a seis con una hora de almuerzo donde la mayor parte del tiempo el trabajo es en el escritorio y a solas. Todos teníamos cosas en nuestras vidas, y son pocas las veces que esas preocupaciones de la vida privada de cada cual se mezclaban con nuestro trabajo.

A veces, la conversación más larga fuera de la discusión de un caso sucedía mientras esperábamos el elevador. Quizás uno hablaba con alguien en el *coffee break*, o compartía un almuerzo si teníamos un caso en conjunto, y todos tratábamos de salir del trabajo ya de noche para evitar el tapón. Esa rutina se trastocaba cuando había un caso difícil o complicado. Entonces era comerse las teclas de la computadora y hablar por teléfono o presentarse a citas todo el día, para entonces llevarte el trabajo a tu casa y amanecerte trabajando.

En mi caso, ese cambio de rutina pasaba mucho. Siempre he sido apasionado por lo que hago. No me gusta perder, y tampoco empatar. Fueron muchas las noches sin dormir tratando de atar cabos sueltos en la construcción de casos que merecían ese tiempo y dedicación. Además de usar mi tiempo libre para trabajar cuando estaba en esas, durante el día tampoco descansaba. No tenía tiempo para llamadas personales, o enviar mensajes que no estaban relacionados al trabajo.

Mi vida social se iba en cero y ni pensaba en eso, porque cuando estoy en mi zona de concentración no me hace falta ver a nadie ni hablar con otros humanos. Eso me trajo muchas satisfacciones profesionales, pero no fue lo mejor para mi vida matrimonial, ni personal. No es que yo piense que ese nivel de dedicación por el trabajo necesariamente cause problemas en una relación, pero mi caso y mi pareja eran particulares.

En el 2006 llevaba ya tres años casado con mi esposa «María Irma». Mi vida de pareja era tranquila. En principio nuestras metas parecían ser las mismas: progresar en el trabajo y la carrera, obtener seguridad financiera, proveer los recursos para una vida cómoda y práctica, y poder gozar de los incentivos que vienen con la madurez tales como amistades, familia, vacaciones, etcétera. Hasta ese momento, parecería que la motivación detrás de nuestras decisiones era como se dice en inglés, *don't rock the boat*, o no menees el barco porque se va a virar.

La razón para tratar de mantener esa tranquilidad era que el barquito de nuestra relación no necesitaba mucho para menearse. Venía a punto de zozobrar por mucho tiempo, navegando aguas bastante frías e inhóspitas.

Mis padres me criaron de manera tradicional y llena de amor. Yo siempre me sentí seguro de ellos y de su dedicación hacia mí. Pude desarrollarme persiguiendo sueños y descubriendo realidades sin necesidades mayores. Por otro lado, quien era mi esposa se crió en un ambiente sumamente frágil y disfuncional. Sus necesidades básicas no siempre estaban cubiertas mientras crecía, y tuvo que enfrentar situaciones difíciles a muy tierna edad.

Ella necesitaba sentirse segura, y mucha de esa seguridad provenía de contar con buenos ingresos para no pasar necesidades. En mi caso, mi motivación profesional no era necesariamente la cantidad de mi cheque quincenal, sino lo que lograba con mi trabajo. Saber que mi esfuerzo ponía un granito de arena para mejorar las cosas a mi alrededor era mi seguridad. De más está decir que estas visiones de mundo totalmente opuestas causaron varios roces en nuestro matrimonio.

Al momento de recibir la asignación del caso de Jorge Aponte Hernández, el barco de mi matrimonio estaba navegando en aguas decididamente agitadas, con mucha turbulencia. Yo creo que inconscientemente sabía que envolverme en ese caso iba a cambiar la relación con mi esposa de manera irrevocable. Sin embargo, en aquél momento estaba en mi naturaleza dedicarme en cuerpo y alma a defender al FEI y todo lo que ese departamento representaba en nuestro sistema judicial. Aun con el cinismo y la experiencia de trabajar en el gobierno, yo todavía creía fielmente en los propósitos de la justicia y los organismos designados a protegerla.

Por otro lado, y también inconscientemente, yo pienso que ya estaba buscando una razón para confrontar la realidad de mi matrimonio. Era tiempo de enfrentar los cambios que iban a llegar de cualquier manera, tarde o temprano. Por todas estas razones, la asignación de ese caso fue una oportunidad para extender mis alas, tanto a nivel personal como profesional.

Cuando los documentos llegaron a mis manos aquella tarde de un viernes de noviembre, vinieron con una instrucción de parte de la entonces secretaria auxiliar de litigios. Ella quería que yo viera el caso personalmente y con urgencia. La Jefa no hacía pedidos de ese tipo sin razón. Nuestra oficina trabajaba bastante bien, de manera organizada dentro del caos que significa trabajar para el gobierno. Ver esa nota asignándome el caso como una emergencia despertó mi curiosidad.

Al comenzar a leer de manera apresurada los documentos en mi escritorio me di cuenta de que era el caso de la demanda de Jorge Aponte Hernández en contra de los fiscales ex-miembros del FEI que llevaron un caso en su contra. El caso anterior, por el cual Aponte Hernández estaba demandando, era muy conocido en la comunidad jurídica. Se discutió a saciedad en los elevadores, pasillos, baños, fuentes de agua y en los almuerzos.

En aquel entonces yo tenía mucha curiosidad por ese caso. Recuerdo buscar información y leer bastante sobre el proceso. Tenía muchas interrogantes sobre el caso original y por qué se desestimó sin llegar a juicio por jurado. Ahora tenía en mis manos la segunda parte de la novela: el antes acusado ahora acusaba a sus acusadores.

La información que yo tenía hasta ese momento provenía de lo que era conocimiento público. El FEI, o la oficina del Fiscal Especial Independiente, acusó a Jorge Aponte Hernández de malversación de fondos públicos. Mientras él era el Director Ejecutivo de la Oficina de Gerencia y Presupuesto, autorizó la compra de un edificio por una cantidad que sobrepasaba la tasación por más de un 300%. El caso se llevó a corte, presentado por los fiscales independientes asignados al FEI Ana P. Cruz Vélez, Héctor M. Montañez Reyes y José Pérez Rodríguez.

Según era mi entender, el caso se presentó de la manera correcta, con las evidencias necesarias. Era una presentación sólida de lo que se consideraba un delito de mala utilización de fondos del pueblo. Sin embargo, en una movida sorprendente, y en mi opinión sospechosa, la jueza asignada al caso, honorable Bárbara SanFiorenzo, decidió desestimar el caso perentoriamente, por lo cual nunca llegó a verse por un jurado.

Pensando en todos estos datos, no me quedó otra que irme a mi casa, ya de madrugada, a enfrentarme al enojo de mi esposa por haberle fallado en lo que prometía ser una noche de fiesta espectacular. Total, qué importaba otra pelea más. Realmente no le di mucho pensamiento al proceso de cambio que aceptar el caso significaba para mi vida. Mi enfoque mental estaba en los detalles. Trataba de recordar lo más posible de los hechos mientras conducía por las calles casi desiertas debido a la hora.

Pensando en el caso, ni siquiera me preocuparon las luces rojas que tuve que esperar (algo que, en esas altas horas de la noche, puede ser detrimental para la salud en nuestra isla del encanto). Ya cuando llegué a mi apartamento y me estacioné tenía claro que, para poder entender la motivación detrás de esta demanda, necesitaba empaparme de los hechos tal y como sucedieron en el 1999, cuando Jorge Aponte Hernández alegadamente decidió usar fondos públicos a su manera.

Ahí comenzó el proceso de investigación, de buscar todos los ángulos de una historia con muchos personajes y más vueltas y virajes que la carretera vieja de Ponce a San Juan. Ahí sí se fue a pique mi vida social, porque por largas horas estuve pegado al monitor de la computadora descifrando el desmadre que culminó con la decisión de SanFiorenzo.

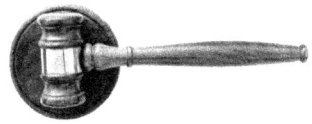

1999 – 2005:
Pueblo v. Jorge Aponte Hernández

Jorge Aponte Hernández proviene de una familia muy activa en la política, bien cimentada dentro del Partido Nuevo Progresista. Su hermano, Néstor Aponte Hernández, fue Representante por el distrito 33. Su otro hermano, José Aponte Hernández, era secretario general del Partido Nuevo Progresista mientras Jorge estaba en su puesto en la Oficina de Gerencia y Presupuesto. De hecho, entre 1999 y 2000 Néstor renunció a su puesto como representante para convertirse en juez del Apelativo de Puerto Rico, y fue José quien lo reemplazó en la Cámara. Jorge Aponte Hernández era el director de la Oficina de Gerencia y Presupuesto bajo la administración del gobernador Pedro Rosselló desde el 1997 hasta mayo del 1999.

Según la Ley Orgánica de Gerencia y Presupuesto del 1980, la Oficina de Gerencia y Presupuesto (OGP) tiene un propósito principal - ayudar al gobernador a crear el presupuesto del país. Esto implica asesorar al gobernador y a la asamblea legislativa en los asuntos relacionados a gastos, programación del uso de fondos públicos y la administración de los mismos. En otras palabras, Aponte Hernández dirigía la agencia de gobierno que determina cómo se usa el dinero.

Desde el 1997, la OGP tenía un presupuesto para la adquisición de edificios para departamentos o agencias del gobierno, y los edificios adquiridos podían ser privados o públicos. La resolución que le dio acceso a ese presupuesto autorizaba a la OGP a expropiar los edificios privados cuando fuera necesario. Cuando se determinó la necesidad de establecer una sede para el Departamento de Recursos Naturales y Ambientales en el 1999, la responsabilidad de asignar los fondos para la misma recayó en la OGP.

OGP decidió que la mejor opción para la localización de la sede era en un edificio en la Avenida Barbosa, que le pertenecía al ciudadano Miguel Cabral Veras. Esa propiedad le había costado $1,900,000.00 a Cabral Veras apenas un año antes. De manera incomprensible, la OGP no compró el edificio, ni entró en un proceso de expropiación para asegurar el mismo. En vez, entró en un proceso de negociación donde se alquiló la propiedad durante ocho meses a un costo de $630,000.00.

Durante este periodo de tiempo el edificio no se usó, mas sin embargo se realizaron unas tasaciones basadas en los posibles ingresos que la propiedad podía generar y se infló el precio de la misma, de manera que la OGP terminó comprándola por la cantidad de $8,700,000.00, casi siete millones por encima de lo que le había costado a Cabral Veras un año antes. Si a eso le sumamos lo que se pagó por la renta, el edificio le costó a la OGP un total de nueve millones trescientos treinta mil dólares ($9,330,000.00).

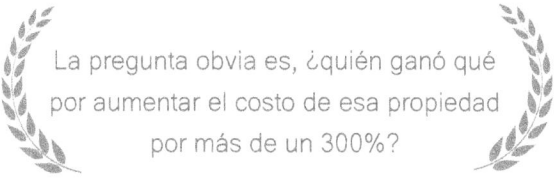

La pregunta obvia es, ¿quién ganó qué por aumentar el costo de esa propiedad por más de un 300%?

Lo que pudiera pasar desapercibido fue investigado. La Comisión Independiente para Investigar Transacciones Gubernamentales, mejor conocida como *Blue Ribbon Committee*, nombrada por la entonces gobernadora Sila M. Calderón, determinó que había suficientes causas para investigar la transacción del 1999. El 29 de noviembre del 2002, la Oficina del Panel sobre el Fiscal Especial Independiente presentó una denuncia contra Jorge Aponte Hernández acusándolo de mal utilización de fondos públicos. Esta denuncia libró una serie de retos en el foro judicial, y tardó tres años en resolverse.

En aquél entonces, la Oficina del Panel sobre el Fiscal Especial Independiente, o FEI, era una entidad autónoma administrativa, funcional y fiscalmente de la rama ejecutiva. Esta oficina está integrada por un panel con tres miembros en propiedad y dos miembros alternos, seleccionados entre los ex jueces o ex juezas de los tribunales. La Oficina del Panel sobre el FEI es el mecanismo encargado de llevar a cabo las investigaciones sobre cualquier acto indebido realizado por altos funcionarios del gobierno.

Para que un caso llegue a la Oficina del Panel sobre el FEI, el Secretario de Justicia lleva a cabo una investigación preliminar y determina si hay causa suficiente para pensar que hubo algún acto criminal o delito menor en ofensa contra derechos civiles, deberes públicos o los fondos del erario. Si es así, el Secretario somete un reporte donde recomienda si es necesario nombrar a un fiscal especial independiente. El panel entonces determina si en efecto nombra un FEI para llevar el caso.

O sea, para que un caso llegue a tener un FEI asignado, debe pasar por el escrutinio de dos cuerpos independientes: el Departamento de Justicia y el Panel sobre el FEI. El fiscal especial asignado tiene poderes investigativos y facultad procesal, que garantizan una investigación imparcial y objetiva ante los posibles actos criminales de un oficial público.

Aclaro todo esto para que quede prístino que los casos que trabajaba el FEI en aquél entonces no eran casos triviales o superfluos. Cuando se asignaba un FEI, ya se concluyó que había evidencia para continuar investigando y presentar el caso. El caso de Jorge Aponte Hernández no fue la excepción. Tanto el Departamento de Justicia como el Panel sobre el FEI determinaron que algo no ocurrió de la manera debida en el proceso de adquirir esa propiedad en la Avenida Barbosa.

Considero importante que comprendan la solidez de la prueba presentada por el FEI en su momento, para que lleguen a sus propias conclusiones sobre la determinación final del caso llevado a corte por los fiscales contratados por el FEI: Ana P. Cruz Vélez, Héctor M. Montañez Reyes y José Pérez Rodríguez. Estos son los fiscales a quienes yo representé luego cuando fueron demandados por Jorge Aponte Hernández, en el caso que le atañe a este libro.

Cuando se asignaron los fondos para la adquisición de edificios en el 1997, se hizo bajo una resolución conjunta, específicamente la número 552. De ahora en adelante voy a referirme a esta resolución como la R.C. 552. Esta resolución es sumamente importante en este caso, ya que de su lenguaje se determina que la tentación de comisión de delito es notoria, no notable. Para los efectos del ciudadano, una resolución conjunta es lo mismo que una ley. La diferencia es que las leyes son permanentes, pero las resoluciones son transitorias porque tienen un propósito específico, y tan pronto este propósito se cumple, pierden su vigencia. Para los efectos, ambas tienen el mismo resultado y significan las mismas obligaciones.

La R.C. 552 le asignó a la OGP (o sea, la hizo custodia de) la cantidad de ochenta y un millones ciento diez mil dólares ($81,110,000.00) para adquirir edificios, fueran estos privados o públicos. La R.C. 552 además estipuló los mecanismos que debía seguir el director de la OGP para adquirir esos edificios. En su sección tres la R.C. 552 dispuso:

«Cuando las propiedades no sean gubernamentales, se autoriza al Director de la Oficina de Presupuesto y Gerencia a iniciar el procedimiento de expropiación y a llevar a cabo cualquier trámite necesario para cumplir con los propósitos de esta Resolución Conjunta.»

A principios del 1998, el entonces Secretario del Departamento de Recursos Naturales y Ambientales (DRNA), Daniel Pagán Rosa, le informó a Jorge Aponte Hernández como director de la OGP que el DRNA necesitaba un edificio para cambiar la ubicación de sus oficinas centrales y los demás componentes de ese departamento. El mismo secretario Pagán Rosa fue el que identificó el edificio de la Avenida Barbosa 306 en Hato Rey como su mejor opción para esa nueva ubicación.

Aponte Hernández le envió una carta al dueño de ese edificio, el Sr. Miguel Cabral Veras, quien era el presidente de American Parking System, Inc. En la carta, Aponte Hernández le comunica a Cabral que quería negociar un contrato de compraventa para el edificio. Ese edificio estaba en malas condiciones, lo cual era del conocimiento de la OGP. Sin embargo, en vez de negociar la compra del edificio o la expropiación del mismo, lo que se negoció con pleno conocimiento de Aponte Hernández fue un contrato de arrendamiento por seis meses con una renta mensual de $60,000.00.

Supuestamente, ese contrato de renta se hizo para hacerle mejoras al edificio y tenerlo en las condiciones necesarias para que el DRNA se mudara en lo que se finalizaba el contrato de compraventa. La realidad es que el DRNA nunca se mudó al edificio en ese tiempo, y las mejoras nunca se hicieron. Aunque la renta la pagaba el DRNA, los fondos provenían del dinero asignado por la R.C. 552, de los cuales la OGP era custodia. Quiero que estén todos claros que en ningún sitio de la R.C. 552 se estipula el rentar edificios.

Una vez se finaliza el proceso de negociar el contrato, la adquisición del edificio se hizo por un costo mucho mayor al que se pensaría, dado el caso que Cabral había comprado ese edificio un año antes por mucho menos. Esos son los números a los cuales hice referencia anteriormente. El edificio Barbosa 306 le costó a la OGP un 300% más de lo que Cabral pagó por el mismo. En ningún momento se consideró la posibilidad de una expropiación dentro de las negociaciones.

Volvemos entonces a la interrogante anterior, ¿quién se lucró en esa transacción? Si seguimos la premisa que los investigadores de ley y orden siguen de *follow the money* (sigue el rastro del dinero), ¿hacia dónde se movió ese 300% adicional? ¿En cuál o cuáles bolsillos terminó?

Que conste que de todo esto hay testigos. Uno de ellos era el gerente de operaciones de la OGP al momento de los hechos, Juan Emmanuelli.

Fiscal: Yo le pregunto, ¿de ese contrato de arrendamiento el señor Aponte tenía conocimiento?

Emmanuelli: Sí.

Fiscal: ¿Esa reunión que usted sostuvo con el señor Miguel Cabral para discutir las gestiones del contrato de arrendamiento con opción a compra, el señor Aponte tenía conocimiento?

Emmanuelli: ¿De que esa reunión se daba? Sí

Fiscal: ¿Cómo usted sabe que él tenía conocimiento?

Emmanuelli: Porque yo no iba a una reunión de ese tipo sin antes tener su aprobación. O sea, yo no me iba a ningún sitio sin que... sin haberlo discutido con él.

Fiscal: ¿Y quién iba a pagar el canon de arrendamiento? ¿De dónde iba a salir el dinero para pagar el canon de arrendamiento?

Emmanuelli: Yo tenía entendido que OGP le iba a reembolsar ese dinero a Recursos Naturales.

...

Fiscal: ¿Y aquí en este caso del Edificio Barbosa 306, negociaron? ¿Sí o no?

Emmanuelli: Bueno, no sé...

Fiscal: ¿Sí o no?

Emmanuelli: No, no se negoció.

Fiscal: ¿Expropiaron?

Emmanuelli: No, no se expropió.

(Lo anterior son fragmentos de la Sentencia del Tribunal Apelativo LEXTCA20040317-15 Pueblo v. Aponte Hernández)

Estos son parte de los hechos que el FEI presentó como prueba para llevar la acusación a la corte. Jorge Aponte Hernández argumentó en el Tribunal de Primera Instancia que habían errores en estas acusaciones y que, por lo tanto, había una ausencia total de prueba. Sus argumentos se basaban en que la R.C. 552 no necesariamente obligaba a la OGP a expropiar, sino que le permitía negociar, y que los pagos de la renta los hacía el DRNA y no la OGP. Además, argumentó que el estado nunca presentó tasaciones para substanciar su alegato de que el precio de venta fuera demasiado alto.

En el 2004 el Tribunal de Primera Instancia determinó que sí había prueba fehaciente. Primero, según la R.C. 552 el Sr. Aponte Hernández, como director de la OGP, era el custodio de los fondos asignados y el responsable por la sana utilización de los mismos, guardando y protegiendo los intereses del estado. Segundo, la R.C. 552 no autorizaba el arrendamiento de edificios y, aunque el DRNA hizo los pagos de arrendamiento, los fondos salieron de la partida de la cual la OGP era responsable. Tercero, el edificio Barbosa 306 se adquirió sin que se hiciera ni siquiera una evaluación de la posibilidad de una expropiación, en vez de pagar la cantidad que se desembolsó finalmente. Parece ser una prueba sólida, ¿verdad?

En el 2005, la Jueza Bárbara Sanfiorenzo decidió exonerar a Jorge Aponte Hernández perentoriamente, desestimando los cargos por falta de evidencia suficiente. El caso nunca llegó a juicio por jurado.

CAPÍTULO II

La introspección de «Rico»

Pienso que soy un buen tipo. Digo lo que pienso, hago lo que entiendo se debe hacer, y no le doy mucha importancia al qué dirán. Mis conversaciones son cálidas, sin importar si el tema es complicado o simple. No existen absolutos para mí. No tengo miedo a decir que soy un poco engreído con mi apariencia. Mis camisas son de mancuernillas, y me gusta que tengan mis iniciales bordadas. Cuando me pongo chaqueta, entiendo que el resto se debe ver igual de bien puesto. ¿Para escribir? *Mont Blanc*. Y para cualquier otra cosa también, porque me encanta esa marca.

Pero nada de eso es tan importante para mí como lo es ser una buena persona. Me encanta que, al caminar por los pasillos de la corte, en la calle cercana a mi oficina, o cuando voy a un restaurante, si alguien me reconoce me saluda con un «¡*Hey*, Rico!» en plena confianza de que le devolveré el saludo. Mis colegas, tanto los que trabajan conmigo como los que llevan casos en mi contra, se sienten confiados en darme un abrazo o un apretón de manos fuera de la corte.

Trato de ser buen amigo, y mejor conocido. Por eso, luego del caso del cual les hablo aquí, me sorprendió el «virazón» de muchos que me sacaron el cuerpo y dijeron barbaridades a mis espaldas. Pero tal y como dije anteriormente, hasta a esos les brindo un saludo. La vida es muy corta para rencores y rencillas.

Me gusta expresar mis opiniones en público, y nunca le saco el cuerpo a una buena discusión aunque sea de religión o de política. De hecho, me encanta la política. No es que sea «politiquero», ojo. Lo que me apasiona es el debate sobre las responsabilidades y los deberes de los organismos públicos, y sobre lo que es realmente justo. Tengo la dicha de haber podido expresarme en un programa de radio donde compartí ideas con otros panelistas que, aun cuando a veces no compartan mis opiniones, se merecen mi respeto por ser inteligentes y serios en sus planteamientos.

> Me encanta ser abogado. Me llena de orgullo saber que estoy en una posición de privilegio donde puedo defender los derechos de los que no se pueden defender por sí mismos.

También me siento agradecido por tener una profesión donde puedo usar mis conocimientos y experiencia para asegurar que el malo de la película tenga su castigo, y que la víctima obtenga un momento de justicia y su recompensa. Es casi como si la dama de la justicia fuera la mujer maravilla y nosotros, los abogados, fuéramos sus compinches.

Parecería que estoy comparando a los abogados con superhéroes, y la realidad es que cuando se gana un buen caso y se hace verdadera justicia, uno se siente así. Sin embargo, cuando estoy en la corte en un interrogatorio me siento más como un luchador de la lucha libre. Me gusta ese deporte, porque en realidad es un teatro. Lo entiendo, y saber que los marronazos no son tan fuertes no le quita nada a la emoción de una buena coreografía.

Así mismo es en la corte, pero los marronazos allí son más serios, porque el contrincante no tiene la oportunidad de practicar la coreografía de antemano. En mi oficina hay una máscara de lucha libre que me regaló mi único hermano, y la tengo de frente a mi escritorio para inspirarme cada vez que voy a corte. Como los casos usualmente se ven por las mañanas, esa inspiración me dura hasta que salgo a tomarme mi café.

Casi todos los días me levanto a correr y a caminar. No es que todos los días me siento con ganas de correr o caminar, que conste, pero me obligo y lo hago. Tuve mi época de correr distancias. Eso fue cuando estaba estudiando, y como todo corredor de distancia estaba «espigao», o sea, flaco. Una vez comencé a trabajar, el tiempo no era suficiente para entrenar como se debe, y ya para cuando tomé el caso de Aponte Hernández lo que hacía era ir al gimnasio todos los días.

El ejercicio siempre ha sido parte de mi estrategia de concentración. Desde que me pongo los tenis para salir a correr en la madrugada, mi mente está dándole cabeza a los casos en mi escritorio. Algunos de mis mejores interrogatorios al final de un juicio se han cuajado en ese mini maratón mañanero.

Pero volviendo al café, la situación es que nunca desayuno, así que los días de corte salgo directamente a la cafetería del tribunal a tomarme mi primer café del día, o dos. Ahí siempre se dan saludos y conversaciones con colegas y conocidos. También a veces ahí es que descubro otros ángulos o ideas para alguno de mis casos. Hago un alto aquí para tratar de describirles lo que siento cuando voy a corte.

Aun con el pasar de los años y la familiaridad de entrar al edificio donde se encuentran las salas, nunca he perdido la sensación de deslumbre y respeto que me inspiró la primera vez que entré. Todavía, en un rincón de mi siquis, se mantiene vivo el romance con la dama de la justicia, y el edificio donde se llevan a cabo sus gestiones me impresiona. Lo único que cambió es que ya no me intimida. Ahora lo veo y me siento como si estuviera entrando al *ring* de boxeo.

Luego del café y los saludos usualmente voy a mi oficina, o si es cerca del almuerzo, me como algo cerca. Cuando era panelista en un programa radial, iba a la estación de radio. Luego del programa podía finalmente llegar a estacionarme en mi escritorio y trabajar en mis investigaciones, escribir y procesar mis casos. Muchas veces he sabido quedarme hasta tan tarde, que me apagan el aire acondicionado del edificio. Par de abanicos resuelven, porque si estoy en el medio de algo no me voy hasta que lo tengo «a punto de caramelo», aunque la oficina se convierta en un sauna gracias al calor de vivir en el trópico.

Les digo todo esto para que entiendan quién es la persona detrás de la casi novela de eventos que se desataron cuando decidí aceptar el caso de Aponte Hernández, tanto en el aspecto profesional como en mi vida personal. Adicto al trabajo, con muchas responsabilidades familiares que me tomo muy en serio, formal, estricto conmigo mismo. Todas son cualidades que se pueden interpretar como muy buenas si se miran de lejos, pero que pueden socavar la zapata de una relación fácilmente.

MARÍA IRMA

Regresemos al principio. En el 2003, justo luego de pasar mi reválida como abogado, me casé con la que pensaba sería mi compañera de vida, mi amiga María Irma. Ella era una mujer de buena apariencia, con pelo medianamente largo que siempre llevaba lacio y una figura esbelta. Sus ojos, negros como la noche, tenían una mirada siempre un poco triste, como si detrás de ellos se escondieran memorias igual de oscuras. Sin embargo, su sonrisa era tierna, aunque no le llegara a los ojos.

Quizás fue esa mezcla de ternura con tristeza lo que despertó en mí sentimientos de protección y cariño. Una vez conocí su historia, esos sentimientos se profundizaron, añadiendo un sentido de pertenencia y una admiración sincera por la manera en que pudo lidiar con su situación y salir adelante.

María Irma se crió en un hogar difícil. Su madre, Medea, no fue una madre ejemplar. Aun si estaba en la casa durante los años formativos de sus hijos, Medea tenía la mala costumbre de abandonar a María Irma y sus hermanos por tiempos indefinidos. Cuando estaba presente, tampoco era muy maternal que digamos.

No sé mucho del primer matrimonio, pero María Irma no tenía memorias felices de su infancia. Medea se divorció cuando María Irma era todavía chiquita. Las historias de mi ex esposa en ese entonces me convencieron desde un principio de que Medea no merecía el título de «madre», y exponían una vida familiar completamente disfuncional e inapropiada.

Eventualmente, Medea se casó con su segundo esposo, un abogado bastante prominente al que llamaremos Nerón. Una vez establecidos como pareja, dejaron a María Irma y a sus hermanos completamente solos. Cuando esto sucedió, María Irma tenía quince años. Su mamá no volvió a buscarla hasta después de su cumpleaños número veintiuno.

María Irma, obviamente, se crió prácticamente sola. En su casa faltaba de todo - dinero, comida, ropa, materiales de escuela, y sobre todo, supervisión. Aunque se pensaría que sus hermanos se encargarían unos de otros, la realidad es que cada cual se autosupervisó y siguieron sus rumbos por separado.

Su hermano, por cierto, encontró su refugio en el mundo del vicio, y María Irma tuvo que vivir en carne propia lo que significa compartir una casa con alguien que no solo usaba drogas, sino que las vendía. Literalmente, el frente de su casa era el punto de ventas. Entrar a su casa a veces significaba caminar entre medio de los que estaban allí comprando, y demás está decir que no eran ciudadanos de primera categoría.

Aun en esas circunstancias muy adversas logró salir adelante. Se graduó de escuela superior y siguió sus estudios, siendo la primera persona de su generación en su familia que llegó a la universidad. No solo eso, sino que logró convertirse en Contadora Pública Autorizada (CPA).

María Irma estaba estudiando contabilidad cuando nos conocimos y nos enamoramos. Fue una relación bonita, de amigos, de noviecitos, de agarrarse las manos, de besos robados a escondidas, de decidir que éramos el uno para el otro. Era casi como si el destino nos pusiera en caminos convergentes para que nos conociéramos. Yo supe reconocer en ella la necesidad de tener seguridad en su vida, de tener estabilidad. También vi su sentimiento de abandono. Esto, mientras yo todavía vivía enmarcado por el ambiente familiar funcional y «casi cuerdo» de la casa de mis padres.

Llegó el momento en que vivir en su casa era no solo un martirio por la situación familiar, sino también un problema de seguridad. El «punto» del hermano frente a su casa era muy popular, y las transacciones de drogas se llevaban a cabo constantemente. Entrar y salir de la casa se convirtió en una situación de vida o muerte. Incluso, estar dentro de la casa no significaba que María Irma no estuviese expuesta a lo que pudiera pasar si alguno de los tipos del «negocio» decidiera entrar.

Las cosas se pusieron bien calientes en esa calle. Mis padres sabían todo lo que pasaba con mi novia, y luego de par de sustos, le ofrecieron un refugio seguro dentro de nuestro hogar. María Irma encontró un oasis de apoyo y cariño con mi familia. Mis padres le abrieron sus puertas y trataron de proveerle un poco de lo que le faltaba en su vida. María Irma conoció lo que era la estabilidad familiar en mi casa. Allí estudió, se desarrolló, y allí también creció nuestra relación.

Mi familia

Mis padres eran totalmente opuestos a los de María Irma. Yo tuve la dicha de crecer en un hogar muy estable, a la usanza antigua. Había mucha disciplina, pero también mucho amor. Mis padres eran estrictos. En mi casa te enseñaban los valores desde chiquito. Con la fe en Dios por delante, no te dejaban pasar ni una. Eso sí, siempre me hicieron sentir muy seguro de ellos y de su amor por mí. Supe que nunca me faltaría lo esencial, que siempre me apoyarían en mis sueños, y que tan pronto diera un mal paso me darían un halón de orejas que me dejaría buscando un cirujano plástico.

Mis padres son un ejemplo perfecto de lo que es una vida recta. Inmigrantes ambos, de proveniencia chilena, siempre llevaron sus vidas por lo que creen correcto y justo. Ambos creyentes, su fe en Dios los ha guiado por los caminos del bien.

Mi papá viene de una larga línea de personas en la industria del hipismo. Junto a su padre, mi abuelo, conoció de cerca todo lo relacionado a la crianza, entrenamiento y cuidados de los caballos de carrera aquí en Puerto Rico. Cualquiera pensaría que seguir por la misma línea sería lo más fácil para él. Al contrario, parece que reconoció lo frágil de esa industria desde mucho antes de su deterioro y se decidió por la contabilidad, convirtiéndose en Contador Público Autorizado (CPA). Los números son mucho más fiables y estables que los caballos. Mirando lo que ha pasado con la industria hípica de Puerto Rico, parece que su decisión fue más bien una premonición.

De la familia de mi padre no se sabe mucho. Su papá (mi abuelo) murió de cáncer en la sangre (leucemia) a sus cuarenta y un años, dejando a mi padre y sus hermanos solos. Quizás por eso mi papá se aseguró de fomentar la vida familiar en nuestra casa. A puro sudor logró tener su propia cartera de clientes, fundando así su compañía como Contador Público Autorizado.

Nunca le perdió el amor a los animales, pero en vez de trabajar con ellos, se contentó con adoptar y compartir su familia y su casa con muchos perros afortunados. Cuando comencé a escribir este libro todavía tenía su oficina privada, donde atendía a sus clientes de toda la vida. Puedo dar fe de su trabajo, porque su oficina colindaba con la mía, y había una puerta entre su escritorio y el mío que casi nunca se cerraba si estábamos los dos allí.

Lamentablemente, mi papá falleció antes de que este libro se publicara. Fue una enfermedad repentina, que son las más dolorosas para los que se quedan. Cerrar esa puerta entre nuestras oficinas por última vez fue uno de los momentos más difíciles de mi vida.

Mi madre es toda una dama, con todos los atributos que ese título representa. Es muy astuta para los negocios y todo lo que tiene que ver con joyería, y siempre ha tenido gran talento para las ventas, pero su gran responsabilidad fue ser madre. Nunca descuidó su casa y sus hijos por nada ni nadie. Con su mano amorosa pero firme tomó las riendas de nuestra educación y crianza, y se aseguró de que fuéramos gente de bien.

Junto a mi papá, logró desarrollar un núcleo familiar fuerte, con lazos entrañables que nos han ayudado a sobrellevar cualquier problema. Así mismo, celebramos en grande cuando ocurre algo bueno. Hoy en día se mantiene hermosa. Camina erguida, con una figura todavía envidiable y con un rostro lleno de una belleza tanto interna como externa. Cuando mi mamá se sonríe, lo hace con todo su rostro, y su felicidad se nota a leguas. Vive orgullosa de su familia, y nosotros de ella. Ya que cada hijo escogió su rumbo, ella se entretiene con sus ventas, amistades, y más recientemente con su nieto, mi sobrino, pero todavía es la matriarca del núcleo familiar.

Crecí con mucha estructura. Mi hermano menor y yo no tuvimos muchas oportunidades para portarnos mal. Aunque él, por ser el chiquito, siempre tuvo alguna que otra apertura para salirse con la suya. Sin embargo, nos criamos con mucho cariño y sin rencillas. No recuerdo nunca tener resentimientos con mi hermano, y que yo sepa él tampoco los ha tenido conmigo. Siempre hemos sido más que una familia, una unidad. Es como un clan.

Mi hermano y yo somos un equipo. Él también estudió derecho y revalidó, pero siendo un alma libre, no ejerce a tiempo completo. Prefiere tener su negocio de brunch en la playa y disfrutar de las olas y arenas de nuestra isla del encanto. Sin embargo, el tiempo en que sí practica la abogacía lo hace desde su escritorio junto al mío, en mi oficina. Sí, la misma oficina que colindaba con la de mi papá. ¿Entienden ahora lo del clan?

Mi mamá y mi papá eran también un equipo, pero todos juntos somos una fuerza imparable. En nuestra casa nos enseñaron a ganarnos lo nuestro sin deberle a nadie. Las expectativas siempre fueron que me ganaría la vida haciendo el bien, sirviéndole al prójimo, y que nunca me aprovecharía de mis circunstancias.

Yo siempre intenté llenar esas expectativas, pero no soy un santo. Cuando decidí estudiar derecho sí había una gran motivación por lograr que la justicia venciera, pero además, me motivó la sed del litigio, la interrogación, el diálogo que puede ser persuasivo o apabullante cuando le hablas a un testigo o al jurado.

Ese juego constante entre el intelecto y las emociones, y hacer malabares entre los datos que aprendiste y tus instintos, eran tentaciones fuertes en mi deseo de ejercer la abogacía. Por eso, me decidí por atender casos civiles en el Tribunal Federal ante un jurado. Quizás la seguridad que me proveyó mi familia me impulsó a buscar una carrera donde pudiera llevar la bandera de la ley en alto, sin tener que quedarme callado y donde pudiera decirle tres o cuatro cosas a mi contrincante de manera muy educada y culta, por supuesto, para no avergonzar a mi madre.

ME CASÉ

Pero, regresando a mi época de joven enamorado, esa crianza de valores estrictos y moral como estandarte me llevó a pensar que quizás era hasta mi deber tratar que la vida de María Irma fuera más feliz. Yo pensé que no solo el destino nos puso en el mismo camino, sino que me dio la oportunidad de practicar a ser el caballero que mis padres me enseñaron a ser.

Mi romance con María Irma fluyó fácilmente, y nos entendíamos muy bien. Mientras fuimos solo ella y yo, el mundo fue color de rosa. No tuvimos mayores problemas, y la decisión de casarnos no le tomó por sorpresa a nadie. Yo me gradué de la Facultad de Derecho de la Universidad Interamericana en junio de 2002, y tomé la reválida en el mes de septiembre de ese mismo año. Y aun sin saber si aprobaba o no la reválida, compré un apartamento en ese mismo septiembre de 2002 y me casé en enero de 2003. Gracias a Dios, y a las trasnochadas, aprobé la reválida de la primera, y juramenté como abogado en enero del 2003.

Teníamos nuestro apartamento, y comenzamos nuestra vida de pareja. Tal y como mencioné anteriormente, mientras fuimos solo ella y yo todo estuvo bastante bien. El problema comenzó cuando su madre Medea regresó a su vida.

    Medea era una mujer joven, que parecía más la hermana de María Irma que su mamá. Se había dedicado a disfrutar su juventud y su vida sin preocuparse por ser madre, como si no tuviera hijos. Su apariencia física demostraba lo bien que se mantenía y la importancia que le daba a esa apariencia.

    Medea llevaba merodeando un tiempo, pero tenía su vida hecha junto a su esposo Nerón. Sin embargo, tan pronto María Irma se graduó de contable y pasó la reválida de CPA, Medea vio una oportunidad para aprovecharse de su éxito. Poco a poco, logró inmiscuirse en nuestras vidas de manera intensa.

    Siempre fue una mujer egoísta, lo cual resulta obvio si pensamos que abandonó a sus hijos para casarse e irse con su esposo, viajando el mundo sin ocuparse de ellos. Lo que descubrí luego de mi matrimonio fue que además era una entrometida, busca pleitos y envidiosa de la felicidad de su propia hija. Esto fue lo más chocante para mí, porque después de no haberse ocupado nunca de su hija, uno pensaría que verla feliz le ayudaría a cargar su culpa, pero no. Esta mujer no sentía culpa alguna, porque no pensaba haber hecho nada malo, y encima no podía dejar que su hija estuviera en paz.

    Esa mujer comenzó una campaña de desprestigio a mi figura como esposo. Ella le insinuaba cizañas a María Irma, diciéndole que yo no tenía ambición. Esto, porque no estaba persiguiendo el tipo de posición que me permitiera darle a María una vida privilegiada económicamente.

Resulta que el segundo marido de Medea, Nerón, no era la mejor persona del mundo tampoco. Digo, eso también es obvio cuando recordamos que alejó a su esposa de sus hijos, sin dedicarles tiempo de calidad. Pero Nerón era además un negociante muy astuto. Este señor tiene don de gentes. Su apariencia presenta una persona jovial, afable. En realidad es un «aguza'o».

Nerón se asoció muy de cerca con un amigo que estaba en una posición de gran poder. Su amigo, Lot, era el alcalde de una ciudad muy importante en la isla donde se criaron él y Nerón. Era uno de esos alcaldes que vienen de un linaje de los que se pasan de listos, donde ya los hilos de influencias estaban enhebrados a su favor. El pueblo de Lot era como su propio país, y su palabra era ley. Pocos se atrevían a enfrentarlo, hasta que cayó solo y perdió el poder.

Nerón nunca ocupó un cargo público, pero sí se convirtió en uno de los hombres de confianza de Lot. Dentro de sus labores para el alcalde, Nerón acumuló mucho dinero y tenía la potestad de crear otras posiciones y cargos. Según el plan de Medea, una de esas posiciones era para mí. Se suponía que yo trabajara para Nerón, indirectamente para Lot, y me asegurara un sueldo muy atractivo para ofrecerle a María Irma la vida holgada y protegida que Medea quería para su hija. Esto, sin importar que la posición no tenía nada que ver con mi carrera y vocación. Obviamente, Medea también estaba buscando su propio provecho como la suegra de una persona de buena posición económica.

Luego de juramentar, comencé a trabajar como abogado en una firma privada que trataba casos de cobro. Estuve ahí desde enero hasta septiembre y me fui corriendo tan pronto tuve la oportunidad. No es que fuera un mal trabajo, pero era el colmo del aburrimiento. Yo no estudié para estar sentado en un escritorio en una oficina donde lo único que se persigue es quitarle el dinero a la gente.

En ese entonces, el Departamento de Justicia tenía una escasez de personal para trabajar casos civiles federales. Yo era completamente bilingüe y estaba disponible, así que comencé a trabajar en la oficina de litigios del Departamento de Justicia con una agenda de largas horas sin mucha paga.

María Irma fue mi acompañante fiel durante los años difíciles de la universidad, y conocía cómo me envolvía con las cosas que me apasionaban, al punto de dedicarme en cuerpo y alma sin pensar en detalles domésticos como comer, dormir, o compartir con mi pareja. Bien o mal (porque no estoy diciendo que era lo más saludable) ella sabía que, en su posición como esposa, me compartía con el trabajo, mis padres y el ejercicio diario. También sabía que el dinero no era mi motivación.

Eventualmente, ella comenzó a trabajar con mi padre para suplementar los ingresos de nuestro matrimonio. Un año antes de nuestra separación ya se había ido de la oficina de mi papá, porque consiguió otro trabajo que le pagaba mejor.

Yo creo que Medea y Nerón trajeron a la superficie problemas que ya existían y que María Irma y yo nos negábamos a ver. María Irma es una persona competitiva, y siempre se mide por la vara de lo que piensan los demás. Ya estaba cansada de ver cómo me perdía cuando había un caso difícil o interesante. Ella de por sí era bastante insegura por la manera en que se crió, y tenía muchos temores de ser «pobre», porque había vivido en la pobreza. Además, como quiera que sea, Medea es su madre y la sangre llama.

Por otro lado, yo no estaba dispuesto a dejarme manipular por los suegros, pero no me di cuenta de cómo eso afectaba a María Irma. Pensé que entendería mi necesidad de hacer mi vida a mi manera. Después de todo no era sorpresa: ella sabía exactamente con quién se casó. Lo que no hice fue buscar la manera de reconfortarla en sus inseguridades mientras defendía mi posición. Ignoré cómo sus miedos y traumas de la niñez interferían con su manera de ver los consejos de su mamá.

Todos estos asuntos comenzaron a trastocar la armonía de mi matrimonio, y la relación comenzó a perder el brillo inicial. Estas situaciones no causaron que dejáramos de querernos inicialmente. Fueron gotitas que caían poco a poco, según pasaban los años, y fueron llenando la copa sin que nos diéramos cuenta.

María Irma nunca logró tener la auto-estima y la confianza en sí misma para lidiar con sus necesidades emocionales y su tendencia a la co-dependencia. Al no contar con las herramientas necesarias para resolver sus inseguridades, se tornó en mi contra.

> Yo pasé a ser la causa de sus problemas, y el blanco de sus ataques. Y con razón. Yo no la puse primero, no me puse en sus zapatos. Me sentí atacado, empujado, y me pensé como la única víctima de la situación, cuando en realidad ambos fuimos tanto víctimas como verdugos.

Explico todo esto para que nuestra eventual separación y divorcio no se piense como algo súbito, o inesperado. Tampoco creo que el caso de Jorge Aponte Hernández fuera la causa. Más bien fue el detonante.

Capítulo III

En vez de Pueblo v. Aponte, ahora es Aponte v. FEI

Regresemos al litigio que nos concierne. Luego de que el caso de Pueblo v. Aponte Hernández fuera desestimado por la jueza Sanfiorenzo, el panel del FEI decidió apelar la decisión ante el Tribunal de Apelaciones de Puerto Rico, algo que entiendo era el paso lógico dado el peso de la evidencia que se ignoró. Esa apelación fue retirada por otro de los fiscales independientes del FEI antes de que el Tribunal de Apelaciones emitiera su decisión. Entonces, el ex-gobernador Aníbal Acevedo Vilá expresó que, en su opinión, el caso no debería haberse llevado a corte, implicando una posible persecución política.

Cuando una personalidad de tanto poder en la política hace ese tipo de expresiones, lo hace a sabiendas de que las repercusiones son grandes y extensas. No me cabe la menor duda de que Acevedo Vilá dijo lo que dijo esperando causar movimientos a favor de Aponte Hernández.

Los resultados no se hicieron esperar. Esos comentarios provocaron la renuncia de la presidenta del panel del FEI, Crisanta González Seda. Los fiscales asignados al caso terminaron sus contratos y la oficina del FEI quedó prácticamente vacía. Ese fue el momento que Jorge Aponte Hernández aprovechó para poner su demanda, no solo contra la oficina del Panel sobre el FEI, sino contra los tres fiscales envueltos en el caso en su carácter personal ante el Tribunal Federal para el Distrito de Puerto Rico.

En su demanda, radicada en octubre del 2006, Jorge Aponte Hernández alegó que los fiscales Ana P. Cruz Vélez, Héctor M. Montañez Reyes y José Pérez Rodríguez trabajaron su caso de manera maliciosa y en represalia. La demanda incluía las secciones 1983 (privación de derechos y privilegios), 1985 (conspiración) y 1986 (negligencia para prevenir) del título 42 de Bienestar y salud pública del código de los Estados Unidos de América. Esa demanda también incluía al entonces gobernador de Puerto Rico, Aníbal Acevedo Vilá.

Aponte Hernández reclamó $33 millones de indemnización por daños y perjuicios porque fue, en su opinión, víctima de una "acusación maliciosa, fraude y conspiración de malicia sistemática y de condenarlo por un crimen inexistente" cuando fue acusado y procesado estatalmente por vender el edificio de la avenida Barbosa a un precio bajo tasación.

Aponte Hernández alegó que su caso nunca debió ir a juicio, ya que los fiscales no contaban con la evidencia suficiente para probar su culpabilidad. El que los fiscales decidieran continuar con el caso a pesar de esa falta de evidencia, según Aponte Hernández, constituyó un afronte a sus derechos y privilegios como ciudadano.

Los casos en la corte se asignan mediante una tómbola electrónica, o sea, de manera aleatoria o al azar. En un principio, este caso se le asignó al juez federal Francisco Besosa, que estaba recién nombrado (juramentó en octubre 2 del 2006).

Las cosas comenzaron mal desde el principio.

La primera acción en estos casos es presentar la moción de desestimación. O sea, se le pide a la corte que desestime el caso por completo por falta de evidencia que justifique el proceso. Las peticiones de desestimación se pueden hacer en cualquier momento durante una demanda. Sin embargo, en la práctica, tienden a ocurrir al principio, porque la razón más común para tal petición es que la presentación inicial del demandante contiene errores fundamentales e invalidantes.

Mi equipo y yo nos esmeramos desde el principio. La moción de desestimación que presentamos era de veintisiete páginas. Ahí explicamos, entre muchas otras cosas, que la demanda debía ser desestimada porque falló en hacer un reclamo para el cual se pudiese conceder remedio.

La moción de desestimación atacó varios de los argumentos de Aponte Hernández. Por ejemplo, defendía la legalidad de la Comisión Independiente para Investigar Transacciones Gubernamentales, mejor conocida como el "Blue Ribbon Committee" de la entonces Gobernadora Sila María Calderón.

Destacó además que esta entidad fue validada en el 2002 por el Primer Circuito de Apelaciones de Boston en un caso que llevó el propio Aponte contra los miembros del «Blue Ribbon Committee» titulado, Aponte v. David Noriega-Rodríguez; Ileana Colón-Carlo; Carmen Rita Vélez-Borrás; Pedro Galarza; Pedro López-Oliver; Angel Hermida.

La moción también planteaba que Aponte Hernández no alegó ningún hecho de violación a la ley federal de derechos civiles, y además apuntaba a que sí hubo causa justa para procesar a Aponte Hernández, como fue validado en noviembre de 2002 por un juez hasta que fue absuelto en el 2005.

Por otro lado, la moción reclamaba que los fiscales gozan de inmunidad en el ejercicio de su trabajo y que la existencia de una conspiración es imposible de creer, porque se determinó causa probable contra el acusado.

Los errores o fundamentos para pedir esta desestimación en particular eran los pertinentes a la doctrina de inmunidad que le aplica a los fiscales independientes. En términos generales, los fiscales independientes tienen inmunidad bajo las leyes de derechos civiles por su labor al llevar una acusación criminal o por sus acciones durante los procesos de un juicio.

Fíjense que estoy usando los términos y títulos correctos - aun si este libro no está en manos de un abogado, quiero que todos entiendan la validez del trabajo realizado.

LA INMUNIDAD DE LOS FISCALES

Históricamente, la ley reconoce la necesidad de proteger a jueces y otros profesionales de la ley envueltos en procesos judiciales ante la posibilidad de demandas por el rendimiento de sus labores judiciales o cuasi-judiciales. Esto aplica a los fiscales en cuestión.

A principios del siglo pasado, la corte de apelaciones del segundo circuito decidió que la inmunidad del fiscal federal es absoluta, basada en los principios de política pública. El interés público requiere que las personas que ocupan posiciones importantes en el ámbito judicial de un caso en corte, y que están identificadas con los departamentos judiciales del gobierno, puedan hablar y actuar libremente y sin temor en el ejercicio de sus funciones oficiales. Esa corte entendió que estos no deben ser vulnerables ante posibles demandas privadas, tal y como los jueces, testigos y personas del jurado tampoco lo son.

Más aun, la corte de apelaciones del tercer circuito apoyó esta decisión años después, y la amplió para decir que no hay distinción entre la inmunidad de un fiscal federal y uno estatal.

El inciso 7 del artículo 3 de la Ley Núm. 2 del 23 de febrero de 1988 según enmendada, conocida como la

Ley del Panel sobre el Fiscal Especial Independiente dice, «...los miembros del Panel serán considerados como funcionarios públicos, en cuanto respecta a sus actuaciones en el cumplimiento de sus funciones, obligaciones y prerrogativas al amparo de esta Ley. Estos tendrán inmunidad cuasi-judicial dentro de su capacidad individual mientras están en gestión de sus funciones. Tendrán, además, inmunidad igual a la concedida a los miembros del gabinete ejecutivo».

Sin embargo, durante la década de los '90, el Tribunal Supremo de los Estados Unidos determinó que la inmunidad de los fiscales no es absoluta en cuanto se refiere a daños como los descritos en la sección 1983 del título 42 del código. Esto fue en un caso diferente, donde la acusación contra los fiscales era por fabricar evidencias y por dar testimonios falsos durante una conferencia de prensa.

Es una maraña traicionera, porque la corte en ese caso concluyó que la inmunidad absoluta para los fiscales solo aplica en su función como defensor del estado una vez el caso procede, pero no aplica en su función como oficial investigador o administrador en la preparación para el caso.

Entonces, esta inmunidad ya no es absoluta. Está condicionada a que no exista una acción malintencionada o negligente por parte del fiscal en la función de sus deberes, especialmente en la etapa de investigación para llevar un caso. Es igual a la inmunidad ofrecida a un testigo, donde se condiciona un testimonio a cambio de que no se le acuse. Esa inmunidad se revoca si el testigo miente, y ahí no solo se le culpa por el delito original, sino que además se le acusa de perjurio.

LA DEMANDA

De momento, y sin ningún preámbulo, en febrero de 2007 el caso se transfirió al juez José A. Fusté, quien era el juez presidente del Tribunal Federal para el Distrito de Puerto Rico. No me cabe la menor duda de que esto sucedió porque Fusté quería ser quien viera el caso.

El 2 de abril de 2007, el entonces presidente del senado, Kenneth McClintock, aprobó que el entonces senador por el Partido Nuevo Progresista, Pedro Rosselló, reclutara a Jorge Aponte Hernández como asesor de presupuesto con un contrato de treinta horas. Rosselló era el presidente de la conferencia legislativa del PNP, y una figura clave a la hora de la consideración del presupuesto gubernamental. Aunque el hermano de

Jorge Aponte era el presidente de la Cámara de Representantes, esa misma cámara le dio la dispensa necesaria para que no tuviera problemas con la ley antinepotismo. Aquí pueden ver cuánta influencia tenía esta persona en aquél entonces.

En junio de 2007, Aponte Hernández pidió acceso a documentos de la OGP de los cuales no se tiene mucha información. En términos generales, Aponte pidió acceso a una larga lista de documentos y el entonces titular de la agencia, José Guillermo Dávila, dijo que no, porque buscar esos documentos era una carga indebida para la agencia y la lista era demasiado amplia. Además, había una moción para desestimar el caso por parte nuestra y por lo tanto, esa petición de descubrimiento de prueba estaba de más.

Fusté no dio explicaciones para justificar su decisión de otorgarle la petición a Aponte y ordenarle a Dávila que le facilitara esos documentos. En su determinación, tampoco mencionó qué documentos eran los solicitados.

En julio de 2007, la corte le ordenó a Jorge Aponte Hernández a retener los servicios de uno o más abogados para que lo representara legalmente durante el caso de su demanda.

En septiembre de 2007, el juez Fusté anunció sorpresivamente que el juicio estaba pautado para febrero de 2008. Ahí entró el abogado John F. Nevarez, hermano de la esposa de Pedro Roselló, como representación legal de Aponte.

¿Recuerdan cómo el Tribunal Supremo de los E.E.U.U. decidió en los '90 que la inmunidad de los fiscales no era absoluta en una instancia específica del código? Esa misma determinación fue la que el juez Fusté decidió usar ese mismo mes de septiembre de 2007 para no desestimar los cargos contra Ana P. Cruz Vélez y Héctor M. Montañez Reyes.

La corte determinó mantener las alegaciones relacionadas a la privación de derechos y privilegios constitucionales y daños y perjuicios en contra de los mencionados demandados ex fiscales en sus capacidades personales. Ahí realmente es que comienza el trabajo duro de este caso, que estuvo plegado de injusticias y malos tratos hacia los demandados y hacia mi persona.

Para octubre del 2007, Aponte presentó una moción donde me acusó a mí personalmente de obstruir el proceso de descubrimiento de prueba. Esa primera rabieta fue porque tuvimos que cancelar unas deposiciones que citaron a último momento, porque yo estaba enfermo.

Casi de inmediato, tuvimos que presentar una moción pidiendo una orden protectora contra los abogados de Aponte Hernández, para evitar el lenguaje insultante que estaban usando en contra de los demandados. Entre otras cosas, estaban haciendo alegaciones altamente peyorativas, donde inclusive hicieron imputaciones de conspiración que ni siquiera estaban en la demanda. Fue una guerra.

En noviembre del 2007, la representación legal de Aponte Hernández pidió acceso a las computadoras de la Oficina del Panel del Fiscal Independiente, porque como parte de su proceso de descubrimiento de prueba estaban solicitando unas minutas de las reuniones del FEI entre marzo de 2001 y diciembre de 2006. Como esas minutas no se habían producido, pidieron acceder el disco duro de las computadoras.

El juez Fusté accedió a esa petición el 17 de diciembre de 2007, lo que en mi opinión fue una decisión desatinada donde se vio claramente cómo la balanza de la justicia se inclinaba más hacia un lado que el otro gracias a ese juez. Esto, porque la información en esas computadoras era privilegiada, y pedir acceso a ella solamente correspondía a un intento por perjudicar al FEI. Tengan en cuenta que en esas computadoras se mantenía información sobre casos pendientes ante el Panel del FEI. Estaría interesante saber si ahora, en el 2020, algún juez federal accedería nuevamente a dicha petición.

El 3 de enero de 2008 le pedí al juez Fusté que reconsiderara esa decisión, al considerarla un claro error de derecho. Esto, porque los documentos e información requeridos incluían información confidencial y protegida por la cláusula de inmunidades de la constitución de

Estados Unidos. Esa solicitud de acceso era obviamente una expedición de pesca en otros casos pendientes de la Oficina del Panel del FEI. La información que estaban pidiendo era irrelevante para su caso.

Lo que logré con esto fue una orden de protección, donde el acceso de la representación legal de Aponte dentro de las computadoras del FEI fuera limitado, y con una cláusula que le adjudicaba a Aponte Hernández toda la responsabilidad sobre cualquier divulgación de esa información privilegiada a la cual ganó acceso. Para mí, todo eso fue una estrategia para tratar de intimidarnos, y lo que hice fue ponerle límites.

CÓMO LLEGAMOS A JUICIO

La próxima acción por parte de nuestra defensa fue presentar una solicitud de sentencia sumaria donde, nuevamente, se pidió la desestimación del caso, pero esta vez con evidencia. La sentencia sumaria se presentó bajo el argumento de que las acciones de los fiscales están protegidas bajo la doctrina de inmunidad; que no hubo evidencia fraudulenta o fabricada en el caso, ya que la evidencia presentada en la corte estaba previamente estipulada por la defensa de Aponte en ese entonces; y que los elementos de acusación maliciosa y en represalia por parte de los fiscales no se podían probar solo con alegaciones del demandante, ya que el récord demostraba que los fiscales solo hicieron su trabajo judicial según lo permite la ley, sin ánimo de venganza o malicia.

Tengan en cuenta que, hasta ese momento, aunque el juicio supuestamente estaba pautado para febrero, no había juicio en el horizonte. Estábamos en los preparativos de la pelea, mucho antes de pensar en subir a la zona de combate. Todos los movimientos e investigación hasta ese momento estaban enfocados en la redacción de esa sentencia sumaria. Tanto así, que la lógica y las palabras de esa redacción consumían mis pensamientos.

Ahora mirando hacia ese tiempo, es un milagro que no tuve contratiempos en la carretera o caminando por las aceras alrededor de mi edificio en Hato Rey, porque iba en automático. Si alguien me saludó en aquél entonces y no le contesté, le pido disculpas ahora. Créame que nunca le vi, ni le escuché y no fue intencional.

La corte de distrito denegó esa sentencia sumaria el 28 de enero de 2008. El juez Fusté dijo que no había inmunidad para los fiscales, ya que entendía que un jurado debía decidir si hubo negligencia en sus acciones. Dentro de su denegatoria de la sentencia sumaria, implícitamente dice que él, como juez, no va a entrar en esa decisión, sino que le toca al jurado.

Ese mismo día apelamos al Tribunal de Primer Circuito en Boston, pero nos la denegaron también. El 30 de enero de 2008, presentamos una moción de paralización. Esa la contestaron el día después, el 31 de enero, con otra negativa. Ahí ya no había nada más que hacer que ir a juicio. Pero, el juicio se citó para el 4 de febrero. O sea, tres días después. Tuvimos un fin de semana para prepararnos para el mismo.

Ahí fue que, como decimos los boricuas, «se pusieron los huevos a peseta».

Mi vida durante ese caso

Cuando yo tomé el caso en el 2006, nunca había ni tan siquiera leído sobre un caso que tuviera que ver con una demanda contra fiscales. No encontré ninguna guía sobre cómo llevar este tipo de caso, donde se defendían los fiscales independientes. Sí encontré casos que se desestimaron y nunca llegaron a la etapa de juicio. En el Primer Circuito no habían precedentes que tuvieran un contexto político-partidista como se había argumentado en el caso que me había tocado. En otras palabras, tuve que comenzar desde cero.

Como director de asuntos legales del Departamento de Justicia de Puerto Rico, yo usualmente supervisaba a otros abogados asignados a diferentes casos. En esta instancia el caso se asignó a mí, haciéndome el único responsable.

En ese momento, yo no tenía abogados con experiencia bajo mi supervisión. Todos eran oficiales jurídicos que habían pasado sus reválidas y estaban esperando juramentar para obtener su licencia estatal o federal.

Una de las abogadas que esperaba por su juramentación federal era la licenciada Maraliz Vázquez Marrero. Ella tuvo la suerte (o la desgracia) de ser la que me ayudó en el proceso, integrándose en el momento de la investigación para la primera moción de desestimación. Con ella fue que desarrollé los argumentos sobre la inmunidad de los fiscales. La Lcda. Vázquez tuvo mucho que ver con la investigación legal, la organización de la prueba y el diseño de los interrogatorios. Sin embargo, ella no podía firmar nada, así que yo era el único que firmaba y radicaba.

La ex-fiscal Ana P. Cruz Vélez, quien formaba parte del grupo de demandados en el pleito, siempre estuvo disponible para la organización de la prueba, explicando todo lo ocurrido en hechos que se remontaban a casi cinco años atrás. A Héctor M. Montañez Reyes, el otro demandado, nunca lo conocí. Estaba muy enfermo para ese entonces, y nunca pudo comparecer ni siquiera a una de las deposiciones.

La Lcda. Vázquez Marrero fue una trabajadora incansable, y una ayuda crucial en todo el proceso investigativo y de redacción. Sin embargo, este era su primer caso en corte. Eso fue muy favorable para poder dirigirla y prepararla para su trabajo posterior como abogada, pero era una presión adicional sobre mis hombros, porque yo estaba en el rol de guía y mentor a la vez que tenía que preparar mi caso.

Ya para finales del 2007 yo estaba en el proceso de divorcio. Me había mudado a la casa de mis padres, y tenía muchas limitaciones en el acceso a mis cosas porque estaban en el apartamento donde se quedó María

Irma. Había comenzado el proceso de divorcio cuando acepté por fin que nuestra relación no tenía arreglo. Contraté a dos abogadas recomendadas por mi madre, quienes se especializaban en derecho de familia, y me desligué de todo eso. Lo único que hice fue leer la demanda cuando me la presentaron.

Mis padres se esperaban la separación y la inevitable ruptura entre María Irma y yo. Aunque nunca dijeron nada concreto sobre la relación, ni se metieron en nuestros asuntos, siempre me decían, «Piensa bien las cosas, porque no te vemos feliz. No estás creciendo con ella». Una vez María Irma logró terminar sus estudios y afianzar su carrera como contable, se desligó de nuestra vida juntos. Yo no lo quería aceptar al principio, me tomó más tiempo darme cuenta, pero mis padres lo veían.

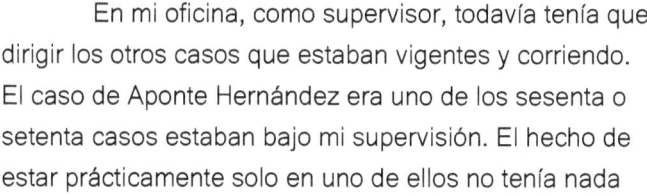

Entonces, cuando las partes más difíciles del caso estaban en todo su apogeo, yo estaba en un cuarto de la casa de los viejos, sin escritorio, viviendo casi como un nómada y tratando de ignorar el desastre de mi matrimonio.

En mi oficina, como supervisor, todavía tenía que dirigir los otros casos que estaban vigentes y corriendo. El caso de Aponte Hernández era uno de los sesenta o setenta casos estaban bajo mi supervisión. El hecho de estar prácticamente solo en uno de ellos no tenía nada que ver con la responsabilidad de atenderlos todos. O sea, que mis horas de oficina eran de 9:00 a.m. a 10:00 p.m. con suerte, y a esa hora arrancaba para una barrita en Miramar, donde seguía trabajando hasta altas horas de la madrugada, con una cerveza en mano.

Cuando ya faltaba una semana para comenzar el juicio, el proceso me había consumido de tal manera que cambió todas mis rutinas. Ya no hacía ejercicios, casi no dormía y vivía prácticamente en la oficina. Con todo ese ajetreo, rebajé casi treinta libras. Casi no comía, y lo que comía eran porquerías. Durante todo ese tiempo, mi vida se convirtió en un torbellino de trabajo que no dejaba espacio para nada ni nadie más. Yo comía, bebía y respiraba el caso. Dejé de reunirme con amistades, y estaba distraído cuando no estaba inmerso en mis papeles o en la computadora. Me convertí en mi propia sombra.

Mi mamá estaba bien preocupada, porque me veía agitado, nervioso, flaco y corriendo de un lado para el otro. Pero mi papá fue mi roca. Él siempre me decía que todo iba a salir bien. Su fe era inquebrantable. Tanta era su confianza en mí, que estando en la barrita del restaurante *Coachman* de Hato Rey (que hace mucho tiempo dejó de existir) se puso a apostar con un conocido. El individuo le dijo que la corte le iba a otorgar un millón de dólares a Aponte Hernández. Ni corto ni perezoso, mi papá le dijo que pusiera su dinero donde ponía sus palabras, porque él apostaba a que yo ganaba el caso. Obviamente yo no sabía nada de esto, me enteré después y no le reí la gracia, pero mi regaño no tuvo mucho efecto ante sus ganancias en la apuesta.

En el ámbito profesional, ya en el 2007 comencé a entender que las repercusiones por llevar el caso contra Aponte Hernández eran significativas. Había un riesgo real de recibir represalias del gobierno cuando el partido cambiara de turno en las elecciones. En ese entonces teníamos un gobierno compartido. El gobernador era Aníbal Acevedo Vilá, del Partido Popular Democrático, pero el senado y la cámara de representantes estaban controlados por el PNP. El presidente de la Cámara era José Aponte Hernández, hermano del demandante, y en alguna ocasión hasta se presentó al juicio.

Era un cuatrienio de mucha controversia, y ya se sabía que en el 2008 el gobierno iba a aterrizar en el PNP. Hubo movimientos contenciosos dentro del gobierno. Yo estaba molestando a personajes con puestos importantes, y con relaciones importantes. Existían muchas influencias envueltas. Hay que recordar que Jorge Aponte Hernández fue el director de la OGP, la oficina que distribuye el presupuesto fiscal del gobierno, que además tenía un contrato como asesor de Pedro Rosselló, quien era un ex-gobernador, y que su hermano estaba en una posición de poder dentro del gobierno.

Lo que me convenció concretamente de que estaba poniendo mi carrera en el servicio público en riesgo fueron las expresiones de Aponte al momento de dar su deposición, su expresión corporal, cómo nos tildó de «politiqueros», el contenido de sus mociones y la animosidad continua por parte de él y de su equipo. Además, hubo muchos rumores que traté de ignorar sobre sus malas intenciones, pero que resultaron ser ciertos.

El juicio

Una vez comenzó el proceso del juicio, Aponte Hernández tomó el estrado para testificar, así como sus testigos, quienes incluían a su ex-asistente, Juan Emmanuelli, el fiscal original de su primer caso, el abogado que lo representó en aquél entonces, el tasador y el dueño de la propiedad en contención, y dos de los ex-fiscales, Cruz Vélez y Pérez Rodríguez.

Tal y como les expliqué anteriormente, Héctor M. Montañez estaba muy enfermo, así que cuando se presentó la prueba de los demandados la misma se limitó al testimonio de Ana P. Cruz Vélez. Por lo demás, la defensa se concentró en el interrogatorio de los testigos del demandante. Esto fue una estrategia muy pensada, ya que planteamos que la defensa no tenía nada que probar.

Ya casi al finalizar el proceso, y antes de presentarle el caso al jurado, el juez Fusté expresó su opinión sobre el caso. El jurado no estaba presente en ese momento. Creo que, para efectos de esta historia, es importante que ustedes sepan cómo se expresó ese juez en aquél momento. Lo que sigue es una traducción de las palabras del juez en la transcripción oficial del juicio.

***

—Vamos a hablar de la otra parte del caso. Permítanme, en primer lugar, decir esto, porque estoy muy desilusionado y sorprendido por las deficiencias, si se quiere entender así, que encuentro en la presentación de este caso y en la defensa de este caso. Las preguntas más importantes en este juicio han sido hechas por mí, y no por los abogados. Eso es un hecho.

Y lo he hecho porque tengo la obligación de asegurarme de que se haga algún tipo de justicia básica en este caso, porque esa es mi misión. Esa es mi misión.

Y les digo una cosa, he mirado este caso de un lado a otro y he visto esta evidencia, y estoy totalmente convencido como abogado, como juez, de que el procesamiento del señor Aponte fue un abuso total. Un abuso total. No había ninguna razón de ley o de hecho para proceder con ese enjuiciamiento. No hay razón de hecho ni de derecho. Estoy totalmente convencido, totalmente convencido de que hubo otras implicaciones y otras razones detrás de este procesamiento. No tengo duda al respecto.

Recuerden que yo estuve a cargo del caso Blue Ribbon en sus comienzos, y sé exactamente lo que pasó allí. Y ese caso me recordó siempre a una — no a una jurisdicción bajo la bandera de los Estados Unidos, sino que me recordó a una jurisdicción bajo un país del tercer mundo sin derechos constitucionales de ningún tipo. Y eso es un hecho. Eso es un hecho.

Los fiscales en virtud de la jurisprudencia federal pueden dividirse entre dos tipos diferentes o bajo dos etiquetas diferentes. En primer lugar, tienen los que son como el señor Pérez, un cuasi-judicial, que reciben una investigación de los agentes de la policía, de los detectives, de los agentes del FBI, de los agentes de la DEA, y los enjuician.

Y, en este caso, los otros son los fiscales que también son investigadores, fiscales que también están haciendo el trabajo del oficial de policía. Y esto es exactamente lo que pasó aquí con al menos dos, que son la Sra. Cruz y el Sr. Montañez.

Cualquier abogado que valga la pena sabía o debería saber, debería saber que no había ninguna razón para continuar con este caso. No había nada en este récord, y la jueza Bárbara Sanfiorenzo estaba totalmente en lo cierto.

Leí esa transcripción del juicio, y es una pena que un caso como ese fuera a juicio bajo la bandera de los Estados Unidos. Créanme, lo fue. Y ahora le corresponde al jurado decidir en cuanto a Montañez y Cruz, si estos dos fiscales pisotearon los derechos del Sr. Aponte maliciosamente, por así decirlo, descuidadamente, tratando de obtener la presentación de una causa penal contra todo pronóstico bajo estas circunstancias. Y eso es exactamente lo que el jurado tendrá que decidir en este caso.

Este juez está convencido de que hay algo realmente mal aquí, pero por supuesto, yo no decido este caso. El jurado tiene que decidir este caso, y les daré las instrucciones necesarias para ello.

Sí, pienso que este es un caso de persecución maliciosa. Sí, pienso que este es un caso donde los fiscales se excedieron, sabrá Dios por qué. Y ese caso nunca debió ir a juicio, y este caso se verá ante el jurado por esas razones. Es así de simple.

Así que vamos a traer el jurado a la sala nuevamente — Y les digo más. Los cánones de ética de Puerto Rico ponen sobre los abogados la carga de nunca, nunca, nunca inducir a un tribunal a error. Creo que el Tribunal de Distrito fue inducido a error. La Corte Suprema fue inducida a error. El Tribunal de Apelaciones fue inducido a error. Y la Corte Suprema también.

Y no me hablen de posturas procesales, porque estoy totalmente convencido de que eso es exactamente lo que pasó en este caso.

***

En su maltrato, el juez prejuzgó las gestiones de Cruz y de Montañez al decir que, en efecto, habían sido negligentes y maliciosos. Esto habría sido desastroso del jurado estar presente en esos momentos. Sin embargo, el juez fue muy comedido en sus expresiones al jurado al darles las instrucciones sobre cómo llegar a su determinación final.

> El jurado no se tomó mucho tiempo en su deliberación. Poco después de reunirse, decidió a favor de los acusados, desestimando el caso. Ganamos.

El juez Fusté se molestó tanto, que pateó la puerta de la sala del tribunal al salir hacia su despacho.

Tras el veredicto, la ex FEI Ana Paulina Cruz Vélez acusó al juez José A. Fusté de estar parcializado al limitar su testimonio, prohibirle presentar los fallos estatales adversos al demandante e impedir que se dieran instrucciones al jurado sobre las defensas de inmunidad que tienen los fiscales.

«Se hizo justicia. El juez, lo voy a decir en todos los lugares que pueda, fue bien maltratante», dijo Cruz. «Entiendo que el juez fue parcializado, injusto, que no se dieron las instrucciones de derecho y que tenía la mente hecha», agregó. (Daniel Rivera Vargas, El Nuevo Día, 11 de febrero de 2008.) Todo eso que dijo Ana es cierto. Yo estuve allí, y la transcripción así lo evidencia.

Tres días después del veredicto, se terminó mi divorcio.

Capítulo IV

Después del juicio – mi nueva realidad

En el 2008 el gobierno cambió, exactamente como todos sabíamos que iba a pasar. El nuevo gobernador era Luis Fortuño, del PNP. Ese principio de cuatrienio marcó el final de una etapa de mi vida. Ante el revuelo político, y a sabiendas de que toqué varios puntos difíciles y sensitivos durante el caso contra Aponte Hernández, decidí salir de los litigios y pedí moverme a la oficina del Procurador General Auxiliar. Escogí esa oficina para conocer más sobre el proceso de tramitar apelaciones.

Fue entonces que comprendí que, en efecto, las represalias en mi contra no iban a hacerse esperar. Al llegar a mi nuevo trabajo, me ubicaron en un cubículo que era más bien una covacha. Mi escritorio por poco no cabía allí. Trajeron todos mis expedientes y los pusieron en ese espacio pequeñito. Al final del día, casi no había espacio para mí.

Los colegas comenzaron a distanciarse. Ya antes me habían advertido que me estaba metiendo en aguas profundas. Yo no entendí que lo que me estaban diciendo era que ellos no iban a nadar conmigo en esas aguas, así que me dejaron solo. Ya estando en la oficina del procurador, varios compañeros que siempre estaban de mi lado dieron un giro de 180° y me «sacaban el cuerpo».

Estos fueron momentos de mucha introspección. No sería honesto si les dijera que esas cosas no me afectaron. Sí, lo sentí y lo resentí. Después de todo, como les dije al principio, yo soy un buen tipo. Soy leal, y muy sincero. Eso mismo es lo que espero de mis colegas y amistades. Ver cómo cambiaban en su manera de tratarme me dejó ver que sus intenciones nunca fueron sinceras.

Esas personas lo que buscaban era sacar provecho de nuestra relación profesional cuando yo estaba en una posición de poder. Fueron colegas a los cuales les di ascensos, aumentos, y a quienes ayudé en sus aspiraciones y metas de conseguir mejores posiciones. Una vez quedé relegado a la covacha, literalmente, todas esas sanguijuelas se dispersaron. ¡Hasta me evitaban en los pasillos! Y pensar que algunos de ellos hoy tienen puestos federales gracias a mí. Hoy les puedo decir, *good riddance* (qué alivio que se fueron).

Pero, en aquél momento me sacudió ver cómo huían por miedo y conveniencia política.

Lo próximo que tuve que soportar fue el acoso. Yo tenía tres supervisoras directas, la procuradora y dos subprocuradoras. Una de ellas decidió hacerme la vida de cuadritos, pensando yo no sé qué. Honestamente, pienso que la razón de ese acoso fue ponerme incómodo, al punto de renunciar.

Esta persona, que no voy a mencionar, entraba a mi oficina para pararse detrás de mí usando escotes pronunciados, y estacionaba su busto en mi hombro. Ella desarrolló una torpeza especial cuando estaba cerca de mí, y todo se le caía. Cuando se agachaba a recoger las cosas, su escote quedaba justo al frente de mi cara. Usaba faldas ceñidas y, de nuevo, cada vez que se agachaba quedaba todo en vitrina.

Mis compañeros me decían cuando ella entraba a mi oficina en mi ausencia y revisaba mis cosas. Me hacía preguntas íntimas sobre mi vida privada. Me llamaba a altas horas de la noche para hablar de cosas que no tenían premura. Me decía que se sentía sola, que su esposo no le hacía caso, y me preguntaba si yo estaba con alguien. Antes de irse de la oficina, se cambiaba a una ropa de ejercicios sumamente ajustada y se paseaba frente a mí.

Terminé acusándola de acoso sexual, pero pueden imaginarse la incomodidad, el resentimiento y el asco que me daba tener que presentarme a aquella oficina a trabajar diariamente.

La transición de Rico

No duré mucho en la Oficina de la Procuradora General. Luego de ese caso de acoso sexual, me ví envuelto en un accidente automovilístico aparatoso. No voy a adornar el asunto - fue una situación de la cual no estoy orgulloso. También fue un momento impactante en mi vida, que me llevó a tomar muchas decisiones y que forzó un cambio de rumbo.

Cuando sucedió ese accidente, me di cuenta de cuán frágil era mi situación en los foros públicos, y cuán fácil era que mis enemigos me causaran problemas serios. Hasta ese momento, yo no estaba en los medios, no era una figura pública ni mucho menos. Una vez salí del enredo provocado por el accidente, comencé a exponerme a propósito. Sé que es una estrategia que confundió a muchos, pero lo más importante para mí era retomar el control de mi vida. Antes de que otros me pusieran en entredicho, yo quería ser quien hablara y diera mi opinión.

Comencé a retar al «*establishment* boricua» y a los que sabía querían hacerme daño, exponiendo mis opiniones con el propósito de forzar sus respuestas. Quería ver hasta dónde estaban dispuestos a llegar. No me gustaba estar en una situación vulnerable.

Era el año 2011, temporada de comenzar el circo de las elecciones nuevamente. Y de nuevo, se olía a un cambio de partido en el poder. Luego de varias entrevistas, tenía un puesto federal asegurado, y estaba listo para moverme.

El resultado de mis movimientos y empujones en mis expresiones públicas fue que mis enemigos llamaron a las oficinas de ICE y de inmigración para que me sacaran antes de comenzar. Entonces, luego de conseguir que no me contrataran en ninguna oficina de gobierno o servicio público, se tomaron la molestia de infiltrar su «opinión» sobre mi persona en todos los grandes bufetes de abogados. El resultado fue que me cerraron todas las puertas, tanto de servicio público como del privado, si quería ser empleado.

Ese fue un golpe bajo. Toda mi vida pensé ser servidor público. La motivación de mi carrera hasta ese momento era precisamente esa - lograr la justicia para los ciudadanos dentro del marco gubernamental. Como quien dice, tomar el toro por los cuernos.

Por otro lado, siempre pensé que la manera de progresar y ser exitoso era trabajando para otro. Siento que es parte de la siquis colectiva de la colonia, el pensar que necesitamos un jefe.

Sin embargo, de momento me vi en la disyuntiva de no tener opciones. No tenía trabajo en el gobierno, estatal o federal, ni podía conseguir un puesto en la industria legal privada. Pues, ni modo. El 15 de mayo de 2011 comencé mi práctica privada y me convertí en emprendedor.

Esa fue una gran aventura, donde aprendí a sobrevivir con una *laptop* vieja y una mesa plegadiza. Comencé en la misma oficina que todavía mantengo, pero no tenía nada en ella, excepto las ganas de salir adelante contra viento y marea. Cada vez que miraba esos espacios vacíos, la falta de muebles, decoración y gente, más me inspiraba para alcanzar el éxito. Ya no era para callarle la boca a nadie, sino que buscaba la satisfacción de lograr mis metas por mí y para mi familia, que siempre me apoyó.

Comencé a ofrecer cursos en diferentes instituciones, y aumenté mi presencia en los medios. Entré en la radio gracias a una compañera de estudios que estaba por producir un programa para analizar las elecciones del 2012. Ella es la Lcda. Lourdes Torres, y gracias a su invitación participé en su programa 1140 millas por hora, en la emisora local 11Q.

Mis intervenciones trataban temas sobre política internacional, la relación entre Puerto Rico y los Estados Unidos, la política federal, y así por el estilo. Eso me distinguió, porque en aquél entonces nadie estaba hablando de esas cosas en la radio y la televisión. Los primeros clientes de mi práctica llegaron en menos de seis meses. Son clientes muy buenos y fieles, y todavía están conmigo.

En aquél programa de radio pude pulirme como analista y entrevistador. Tuve la oportunidad de entrevistar a candidatos como Carmen Yulín, que cuando llegó al estudio tenía una mordida de perro gracias a la caravana del día anterior, y quien nadie pensaba iba a ganar la alcaldía de San Juan. También entrevisté a Alejandro García Padilla, Jennifer González y Ricardo Rosselló, entre otros.

¿QUÉ PASÓ CON EL FEI?

Como recordarán, yo era fiel creyente en los propósitos de la Oficina del Panel sobre el Fiscal Especial Independiente, o FEI. Esa fue la motivación principal que me llevó a defender a los fiscales contra las acusaciones de Jorge Aponte Hernández. Para mí, esa oficina era de suma importancia en la defensa de las víctimas de actos delictivos perpetrados por funcionarios del gobierno. También era fiel creyente de la manera en que el FEI trabajaba al momento del caso.

Sin embargo, una vez Luis Fortuño llegó al poder surgieron cambios que afectaron totalmente la integridad de los servicios del FEI. Esa oficina fue politizada cuando comenzaron a hacer nombramientos directos desde el senado. Ahí comenzó mi desilusión con lo que había sido un estandarte de justicia y de ley.

Dichos nombramientos lograron perpetuar a esos fiscales especiales independientes y al panel, al punto de perder su reputación y trastocar su imagen pública. Es absurdo, y a la vez muy cínico, que el PNP antes planteaba que el FEI estaba politizado por el PPD, lo cual no era cierto. Pero, el PNP logró hacer exactamente lo que denunciaba, y bajo su bandera.

El objetivo original del FEI se desvirtuó. Se suponía que esa oficina fuera totalmente independiente y neutral. Ahora hay fiscales especiales con contratos municipales. ¿Qué ustedes creen que pasaría si se lleva un caso contra ese alcalde? El FEI está radicando casos por razones políticas, sin mérito alguno, y los pierden. Como resultado, las estadísticas de éxito de esa oficina deben estar por el piso. Digo deben, porque hoy en día no existen estadísticas públicas de sus casos.

Ahora el pueblo tiene que recurrir al gobierno de los Estados Unidos y a los organismos federales para que hagan el trabajo que el FEI ya no puede hacer. Desde el 2011 al sol de hoy, los casos de corrupción van por dos caminos: o el FEI los pierde, o el gobierno federal los resuelve. El FEI solo logró procesar los casos de hostigamiento sexual contra funcionarios de gobierno, como son los alcaldes, pero fue porque la evidencia fue prácticamente forzada.

Pero, yo no soy persona de plantear problemas sin ofrecer soluciones. Y yo creo que hay una manera de salvar al FEI nuevamente.

Hay que cerrar la oficina actual y crear legislación con unos cánones de ética específicos que apliquen a un nuevo Panel sobre el Fiscal Especial Independiente. Los fiscales no pueden ser empleados de gobierno. De hecho, podrían ser electos por nominación, nunca por partido.

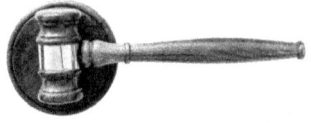

¿QUIÉN ES RICO HOY?

Al final del día, hoy soy quien soy porque me tiré al ruedo y decidí defender al FEI contra la maquinaria del gobierno. Fue más lo que aprendí, que lo que perdí. Si tengo que hacer una lista de los cambios, buenos y malos, los buenos son más.

Por un lado, resolví por fin una relación matrimonial que se tornó tóxica, y que al final me hacía más daño que bien. La última vez que vi a María Irma fue allá por el 2011, y no me causó gran impresión. Realmente, seguí mi camino y dejé todo aquello atrás.

Aprendí a evaluar mejor mis relaciones con compañeros de trabajo, amigos y allegados, y a entender que las motivaciones detrás de un gesto cariñoso o de admiración no siempre son iguales que las mías. Soy honesto. Los demás a veces no. Y puedo lidiar con eso.

Comprendí que el éxito no depende de un jefe, sino de uno mismo. Así, dejé de ser un «colonizado» en mis metas de carrera, y me convertí en una «república independiente» con una historia llena de logros.

Reconocí que mi familia es y será siempre el grupo de personas con las cuales puedo contar en todo momento, y las que pueden contar conmigo de igual forma. Somos un clan.

Acepté que no soy infalible, y que no siempre tengo el control de todo.

Por otro lado, descubrí cómo tomar el control de las situaciones en mi vida una vez quedo vulnerable.

Al final, perdí sueño y par de gentes, pero gané experiencia, astucia, resiliencia y sobre todo, respeto.

¿Valió la pena?

Totalmente.

Perfil del autor

El licenciado José Enrico Valenzuela-Alvarado inició sus práctica como abogado en enero del año 2003. Desde entonces demuestra un nivel alto de compromiso y calidad profesional tanto en la práctica privada como en el servicio público. Su expediente incluye una serie de seminarios avalados por el honorable Tribunal Supremo de Puerto Rico y una agenda extensa de colaboraciones en medios masivos de comunicación sobre asuntos domésticos e internacionales. El trabajo arduo lo llevó a fundar el bufete legal Valenzuela-Alvarado Law, LLC, desde donde presta servicios a clientes de variados perfiles.

Los años estudiantiles de Valenzuela-Alvarado resultaron en titularidades como el de bachiller Magna Cum Laude en Ciencias Sociales con concentración en Ciencias Políticas de la Universidad de Puerto Rico, recinto de Río Piedras (1999) y Juris Doctor de la Universidad Interamericana de Puerto Rico (2002).

Sirvió como Abogado Asociado en el bufete O'Neill & Gilmore, P.S.C. (antes OFG&P-O). En ese entonces, a principios de los años 2000, representó cuentas corporativas de alto perfil como *Sears Brands, LLC; CitiCapital (A Citi Group Division)* y *One Stop Prescriptions, Inc*. Entre sus responsabilidades se encontraba atender casos laborales, incumplimiento de contrato, cobro de dinero, daños y perjuicios, solicitudes de permisos, y apelaciones ante el foro Estatal y el Federal.

Tras un exitoso desempeño en el sector privado, aceptó una nominación del Departamento de Justicia de Puerto Rico (2003) para laborar en litigios civiles. Posteriormente el entonces Secretario de Justicia, Roberto José Sánchez Ramos, lo promovió a Director de Asuntos Legales (2006-2009) donde ejecutó sus responsabilidades a cargo de los litigios locales y federales, supervisando alrededor de veinte profesionales entre abogados y personal de apoyo. Desde su cargo manejó casos ante el Tribunal Federal para el Distrito de Puerto Rico (juicios por jurado e interdictos) en el Tribunal de Quiebras Federal para el Distrito de Puerto Rico (procedimientos adversativos), casos ante los tribunales locales y supervisó casos en controversia en otras jurisdicciones.

Una de las facetas más importantes de su carrera en el sector gubernamental fue su designación al cargo de Procurador General Auxiliar (2009-2011). Desde ahí trabajó asuntos ante el Tribunal de Apelaciones de Puerto Rico, en el Tribunal Supremo y el Tribunal de Apelaciones del Primer Circuito en Boston. Otras de sus gestiones incluían procesar quejas y querellas éticas en contra de abogados ante comisionados especiales designados por el Tribunal Supremo de Puerto Rico.

En 2011 emprendió como fundador del bufete Valenzuela-Alvarado, LLC. Desde entonces, sus clientes han depositado su confianza en este para ser representados en tribunales del Estado Libre Asociado de Puerto Rico y en el Tribunal Federal de Distrito y Apelativo de los Estados Unidos de América.

Con una experiencia de dos décadas, pasión inquebrantable y un compromiso incuestionable con la justicia, sumó a sus colaboraciones el desarrollo de nuevos recursos para la abogacía. Honrando estos valores ha laborado, pro bono, como Juez de Distrito ante la Junta de Directores de la Fraternidad Legal Phi Alpha Delta Internacional. Específicamente, en el Distrito XXVII de Puerto Rico ha representado a las Escuelas de Derecho de la Universidad Interamericana, la Pontificia Universidad Católica y la Universidad de Puerto Rico.

Además de postular en los máximos foros judiciales, comparte sus saberes a través de una decena de seminarios que cuentan con el honor del respetable Tribunal Supremo de Puerto Rico. Sus enseñanzas comprenden prácticamente todas las vertientes del derecho. Algunos de sus títulos son:

- «Federal Civil Rights Act In Puerto Rico, General PreTrial Theory and Practice». (P.R. Supreme Court No. LITI-2010-419)

- «Aspectos Prácticos en Quejas y Querellas Éticas ante el Tribunal Supremo de P.R., (P.R. Supreme Court No. ETI-2007-49)

- «La Litigación en los Medios ante los Cánones de ética Profesional» (P.R. Supreme Court No. ETI-2012-260)

Su opinión está publicada en varias revistas jurídicas en Puerto Rico donde ha compartido, entre otros, los siguientes artículos:

- «Federal Jurisdiction v. Abstention, Who Prevails?», XLIII Núm. 2 Rev. Jur. U.I.P.R. 279 Interamerican University of Puerto Rico School of Law (Septiembre 2009)

- «Federal Civil Rights In Puerto Rico, General PreTrial Theory And Praxis In The New Century», XLIV Núm. 2 Rev. Jur. U.I.P.R. 197 Interamerican University of Puerto Rico School of Law (Septiembre 2010).

- «How To Defend A Prosecutor At The Federal Forum In A Civil Rights Complaint?», Ley y Foro, Colegio de Abogados y Abogadas de Puerto Rico (August 2008).

Además, ha colaborado en Nación Z, Noticentro al Amanecer de WAPA Televisión y producciones de WAPA América. De igual forma, Telemundo de Puerto Rico, el programa Mi Gente del Canal 13 que sirve a la comunidad católica de toda la isla y Univisión Orlando cuentan con sus perspectivas frecuentemente. Todos sus contenidos son compartidos en sus redes sociales desde donde realiza más aportaciones.

José Enrico Valenzuela-Alvarado es puertorriqueño, nacido en San Juan de Puerto Rico. Sus profundas raíces chilenas son la herencia de su padre José Alamiro Valenzuela-Fuentes (QDEP 1951-2019) y su madre Patricia Alvarado-Fernández quienes con incalculables valores, levantaron el hogar donde creció junto a su hermano, el licenciado Christian Valenzuela-Alvarado. Su insistente anhelo de informar y servir lo lleva a comparecer diariamente en los medios, donde contextualiza el acontecer diario con todas las responsabilidades que definen la práctica ética de la justicia. Así, nos enseña que compartiendo lo aprendido crecemos todos a la vez.

www.ingramcontent.com/pod-product-compliance
Lightning Source LLC
Chambersburg PA
CBHW050914160426
43194CB00011B/2406